सुख कहाँ? ढूँढ लिया ठिकाना

डॉ. एच. एल. माहेश्वरी

AF658663

डायमंड बुक्स

www.diamondbook.in

© लेखकाधीन

प्रकाशक : डायमंड पॉकेट बुक्स (प्रा.) लि.
X-30, ओखला इंडस्ट्रियल एरिया, फेज-II
नई दिल्ली-110020
फोन : 011-40712200
ई-मेल : sales@dpb.in
वेबसाइट : www.diamondbook.in
संस्करण : 2022

Sukh Kahan Dhoond Liya Thikana
by : Dr H. L. Maheshwari

प्रस्तावना

यदि हम इस दुनियाँ को देखें तो यह समझते देर नहीं लगती है कि आज अधिकांश लोगों का जीवन दुःख, अशांति, कुंठा, चिन्ता आदि से भरा हुआ है। सुर दुर्लभ मानव तन पा कर भी हम स्वयं को असहाय महसूस कर रहे हैं। इस कारण से आनन्द, उल्लास भरे सुखी जीवन जीने के बजाय हम दीन-दुखियों सा जीवन जी रहे हैं। यों तो पिछले सौ डेढ़ सौ सालों में वैज्ञानिक प्रगति इतनी तेजी से हुई है कि जिसकी कल्पना भी नहीं की जा सकती थी। जीवन को सहज और सुविधाजनक बनाने के लिए विज्ञान ने एक से बढ़कर एक साधन उपलब्ध कराए हैं, परन्तु उनसे न व्यक्ति सुखी हुआ है, न समाज में शांति आई है।

भौतिक प्रगति के बढ़ जाने पर, हमारा जीवन पहले की अपेक्षा अच्छा होना चाहिए था। हम सुखी और संतुष्ट रहते हैं लेकिन गहन निरीक्षण करने पर इस अवधि में हम अपने को पहले से अधिक गिरा हुआ पाते हैं। मानसिक संतुलन, पारिवारिक सौजन्य, सामाजिक सद्भाव, आर्थिक असंतुलन और आंतरिक उल्लास के सभी क्षेत्रों में हमारा स्तर गिरा है। इस दृष्टि से आज की सुविधा सम्पन्नता और पूर्वकाल की परिस्थितियों की तुलना की जाए तो भी यही लगता है कि उस असुविधा भरे समय के लोग आज के लोगों की तुलना में कई गुने अधिक सुखी और संतुष्ट थे।

मनुष्य सुख की तलाश में न जाने कब से कस्तूरी मृग की तरह भटक रहा है। कभी इस दर, तो कभी उस दर, कभी इस डगर तो कभी उस डगर। सुख को ढूँढने के लिए तीर्थ स्थानों, देवालयों, मन्दिर, मस्जिद, गिरजाघर जाकर उसे पाने की कोशिश करता है, परन्तु भौतिक सुखों की चकाचौंध में वास्तविक सुख की कल्पना ठीक वैसी ही भ्रांति होगी जैसी चमचमाते जुगनुओं के क्षणिक प्रकाश में दिवस के महाप्रकाश को खोजना। यहाँ तक की बहुत से लोग तो यह भी नहीं जानते कि वे जिस सुख की तलाश में है, वह सुख है क्या?

प्रस्तुत पुस्तक - सुख कहाँ? ढूँढ लिया ठिकाना। सुख से संबंधित मन में उठने वाले सभी प्रश्नों का न केवल युक्ति-युक्त उत्तर देती है, वरन्

सुख का स्पष्ट मार्ग बताते हुए वर्षों से चली आ रही है, इस अवधारणा का परित्याग कराती है कि मानव जीवन दुःखमय है, संसार दुःखमय है और रस्किन की आशावादी सोच की पुष्ट करती है कि सुख सर्वत्र विद्यमान है, सारा संसार सुखमय है।

आपने इस पुस्तक को पढ़ने के लिए चुना है। इससे स्पष्ट है कि आप अपने दुःखी जीवन से छुटकारा पाने के लिए बेताब हैं और सुख का जीवन जीना चाहते हैं। यह पुस्तक आपको दुःखों से छुटकारा दिलाने और सुखी जीवन जीने की चाह को पूरा करेगी। बशर्ते आप इसे ध्यान से पढ़ें, समझें और धैर्यपूर्वक पुस्तक के निर्देशों पर चलें तो आपका जीवन शत प्रतिशत सुखी बन सकता है।

पुस्तक लिखने में मेरी जीवन संगिनी श्रीमती लक्ष्मी माहेश्वरी, पुत्र डॉ. पंकज एवं पुत्रवधू डॉ. श्रद्धा माहेश्वरी, पुत्री डॉ. सपना माहेश्वरी (यू.के.) द्वारा दिये गये सहयोग एवं प्रेरणा के प्रति उनका आभारी हूँ। आभारी हूँ मैं उन सभी समाचार पत्र-पत्रिकाओं का जिनसे मिली जानकारी पुस्तक लिखने में सहायक रही है। वरिष्ठ साहित्यकार डॉ. शिव चौरसिया से मिले मार्ग दर्शन के लिए मैं उनके प्रति अपनी कृतज्ञता व्यक्त करता हूँ।

पुस्तक में लिए गये उदाहरण, उद्धरण, शेर-शायरी, शोध रिपोर्ट्‌र्स आदि के स्रोत नोट नहीं कर पाया हूँ, लेकिन उन सभी के प्रति हृदय से आभार व्यक्त करता हूँ।

डॉ. एच. एल. माहेश्वरी
निवास
11 महावीर नगर, विद्यानगर के पास
सांवरे रोड़, उज्जैन (म.प्र) 45601
मोबाइल 9827265724
ईमेल hlujjain@yahoo.co.in

विषय सूची

1.

सुख की खोज में दर-दर भटकता इंसान

> सुख को समझने की, अनुभूत करने की आवश्यकता होती है, यदि आप सुखों के पल की अनुभूति करना सीख लें तो फिर सुख के लिए भाग-दौड़ करने की आवश्यकता नहीं, वह तो खुद दौड़ा-दौड़ा आपके पास चला आयेगा।
>
> **-लेखिका एंटोनिया मैकारो**

सुख प्राप्ति की चाहत हर मनुष्य में बचपन से लेकर अपनी मृत्यु तक हमेशा बनी रहती है। यह चाहत उसका सहज स्वभाव है। आनन्द, मौज मस्ती के लिए वह निरन्तर प्रयत्नशील रहता है। जीवन के हर पल उसका यह प्रयास रहता है कि वह इस संसार में सुख का ठिकाना ढूंढ ज्यादा से ज्यादा सुख बटोर ले। इस सुख को ढूँढने के लिए पता नहीं कहां-कहां और कैसे पापड़ बेलता है।

मनुष्य का सारा जीवन ही सुख की बुनियाद पर खड़ा है। वह किसी न किसी तरह अपने लिए इसे ढूंढ़ने के लिए भटकता रहता है। सुख की चाहत में यह भटकाव इसलिए भी रहता है कि उसे स्वयं पता नहीं है कि वह जिस चीज की तलाश में है, आखिर वह क्या है और उसका सही ठिकाना कहां है?

बड़ा ही दिलचस्प है यह सुख की तलाश का मामला। जानें कितने संत, ज्ञानी, विचारक और जीवन कला विशेषज्ञ इस सवाल का सामना करते हैं। सुख कहां है? इसे कैसे पाएं? कोई भी इस तलाश से परे नहीं है।

जारी है सुख के ठिकाने की तलाश

ऐ सुख तू कहां मिलता है
क्या तेरा कोई पक्का पता है,
क्यों बन बैठा है अनजाना
आखिर क्या है तेरा 'ठिकाना'
कहां-कहां ढूंढा तुझको
पर तू न मिला मुझको,
ढूंढा ऊँचे मकानों में,
बड़ी-बड़ी दुकानों में,
स्वादिष्ट पकवानों में,
चोटी के धनवानों में,
वो भी तुझ को ही ढूंढ रहे थे,
बल्कि मुझसे ही पूछ रहे थे।
क्या आपको कुछ पता है?
ये सुख आखिर कहां रहता है?
मेरे पास तो दुःख का पता था,
जो सुबह शाम अक्सर मिला करता था।
परेशान होकर शिकायत लिखवाई,
पर ये कोशिश भी काम न आई,
फिर भी मैं हताश नहीं हुआ,
जारी है उसकी तलाश।

सुख कहां छिपा बैठा है?

एक बार देवताओं ने अपनी सभा में यह निर्णय किया कि सुख को कहीं ऐसी जगह छुपा दिया जाए ताकि उसका पता मनुष्य को आसानी से न लग सके। अन्यथा लोग उसे सरलता से बिना पुरुषार्थ के पा लेंगे और जीवनभर मानवीय गुणों से दूर निष्क्रिय और निकम्मे बने रहेंगे। उन्होंने देखा मनुष्य तो स्वर्ग-नरक, आकाश-पाताल में भी पहुंच जाता है। यहाँ कहीं पर भी सुख रखने से वह उसे आसानी से ढूंढ लेगा। ऐसा कोई स्थान देखना चाहिए, जहाँ पर वह आसानी से पहुंच न पाए। यह सोचकर उन्होंने निर्णय

लिया कि और कोई स्थान सुरक्षित नहीं है। केवल एक स्थान सुरक्षित है और वह है मनुष्य का हृदय। जहाँ, अगर सुख को रख दिया जाए तो मनुष्य आसानी से उसे प्राप्त नहीं कर सकेगा। देवताओं ने मनुष्य के हृदय में सुख रख दिया। लेकिन मनुष्य को यह पता ही नहीं चल रहा है कि सुख कहां छिपा बैठा है और वह उसे ढूंढने के लिए आकाश-पाताल एक कर रहा है।

सुख-शांति स्वयं अर्जित करनी होगी

ईश्वर ने सृष्टि बनाई। पेड़-पौधों, नदियां-झरने, पर्वत-पहाड़ बनाए। भांति-भांति के पक्षी-जीव-जंतु बनाए। मनुष्य की रचना की अब बारी थी। उसे पूर्णता प्रदान करने की।

ईश्वर ने घड़े में हाथ डाला और सब कुछ निकालकर मनुष्यों की ओर उछाल दिया। किसी को विवेक-बुद्धि ज्ञान मिला, किसी को धन-सम्पत्ति, किसी को बल-ताकत, किसी को अच्छाई, किसी को बुराई, किसी को धर्म-ईमान, किसी को ऐश्वर्य-पद-प्रतिष्ठा...।

सब कुछ बांट कर ईश्वर ने निश्चिंत होते हुए कहा- 'अब जाओ। संसार चलाओ, अपना काम करो।' मगर कोई भी अपनी जगह से नहीं हिला। तो उन्होंने पूछा- 'और क्या चाहिए तुम्हें? सब कुछ तो दे दिया मैंने?'

लोगों ने कहा- 'नहीं, एक चीज अभी भी घड़े में है, जो आपने नहीं बांटी है।' 'वह मैं तुम लोगों को नहीं दे सकता' - ईश्वर ने सख्त आवाज में कहा। 'क्यों नहीं दे सकते भगवान?' लोगों ने एक स्वर में पूछा। 'क्योंकि वह तुम्हें अर्जित करनी होगी।' 'सुख-शांति!' ईश्वर ने जवाब दिया।

कस्तूरी मृग की तरह भटकाव

कस्तूरी मृग अपनी आकर्षक खूबसूरती के साथ-साथ अपनी नाभि से निकलने वाली खुशबू के लिए मुख्य रूप से जाने जाते हैं। ये मृग आमतौर पर दक्षिणी एशिया के पहाड़ों में, विशेषकर हिमालय के वनाच्छादित क्षेत्रों में निवास करते हैं।

दरअसल में इस मृग की नाभि में गाढ़ा तरल पदार्थ (कस्तूरी) होता है, जिससे मनमोहक खुशबू की धारा बहती है, पर मृग को यह पता ही नहीं होता कि यह मनमोहक खुशबू जिससे वह मदमस्त होकर फिरता है,

कहीं ओर से नहीं, बल्कि उसकी ही नाभि से निकल रही है। फलस्वरूप वह अपनी ही नाभि से निकल रही मनमोहक खुशबू की तलाश में वन-वन भटकता फिरता है, पर उसे कहीं भी उसका स्त्रोत दिखाई नहीं पड़ता और इस प्रकार वह जीवन भर कस्तूरी की खोज में बाहर ही भटकता रहता है। मनुष्य की हालत भी उस कस्तूरी मृग जैसी है।

मनुष्य सुख की तलाश में न जाने कब से भटक रहा है। कभी इस दर तो कभी उस दर। कभी इस डगर तो कभी उस डगर। उसे ढूंढने के लिए तीर्थों में, देवालयों में, वनों में, गुफाओं में, कंदराओं में जाता है। मंदिर, मस्जिद, गिरजाघर आदि में भी ढूंढता है पर उसे सच्चा सुख नहीं मिलता।

सुख पाने के लिए कोई दान, पुण्य, परोपकार, समाज सेवा आदि अच्छे कार्य करता है और हत्या, लूट, व्यभिचार, दुराचार, भ्रष्टाचार, रिश्वतखोरी आदि कृत्य भी व्यक्ति दुःख पाने के लिए नहीं, बल्कि सुख पाने की आशा में ही करता है। कोई चोरी, भ्रष्टाचार कर खूब धन अर्जित करना चाहता है क्यों? क्योंकि उस धन से, उसके उपभोग से उसे सुख पाने की आशा होती है।

भटकना छोड़ चले सुख के रास्ते पर

सुख कहां? ढूंढ लिया ठिकाना पुस्तक आपके हाथ में है जिसे आप पढ़ रहे हैं। इसी संदर्भ में एक बात स्पष्ट चाहूंगा कि पढ़ने, जानकारी प्राप्त करने या ज्ञान पाने मात्र से क्या लाभ? पुस्तकों को पढ़ना और उस पर चर्चा करना अच्छी बात है पर पुस्तक में बताए मार्ग पर चल पड़ना ही असली बात है, महत्वपूर्ण बात है। अन्यथा पढ़ना, चर्चा करने का उतना ही महत्त्व है जितना कागज में देखे गए किसी नक्शे, उस मानचित्र को देखकर हम विश्व के भूगोल की जानकारी प्राप्त कर सकते हैं, पर मानचित्र को देख लेने, सुन लेने या पढ़ लेने मात्र से न तो उस मानचित्र में स्थित समुद्र तक पहुंच सकते हैं न ही उसमें स्थित अमेरिका, इंग्लैंड, अफ्रीका आदि देशों तक पहुंच सकते हैं। उन देशों तक पहुंचने के लिए तो हमें उन देशों की यात्राएँ करनी ही होंगी, तभी उस यात्रा में मिलने वाले आनंद की हम अनुभूति कर सकेंगे।

महर्षि अरविंद ने भी कहा है कि समुद्र भर सिद्धांतों की अपेक्षा व्यवहार की दो बूंदें अधिक श्रेयस्कर हैं। अस्तु मानचित्रों में, शास्त्रों में तो मार्ग मात्र

दिखाए गए हैं जिस पर हमें चलना ही होगा यदि हम सचमुच उसमें वर्णित किसी विशेष स्थान तक पहुंचना चाहते हैं। इस संदर्भ में एक कथा आती है कि एक बार गौतम बुद्ध का प्रवचन चल रहा था। एक व्यक्ति हर रोज उनका प्रवचन सुनने आता था। बुद्ध अपने प्रवचन में लोभ, मोह, अहंकार, द्वेष आदि छोड़ने की बातें किया करते थे। एक दिन वह व्यक्ति गौतम बुद्ध के पास आकर बोला - "प्रभु! मैं एक महीने से आपका प्रवचन सुन रहा हूं, परंतु मुझ पर उसका कोई असर नहीं हो रहा है। क्या मुझमें कोई कमी है, या उसका कोई कारण है?"

तब बुद्ध ने उस व्यक्ति से पूछा- "तुम कहां रहते हो?" उसने उत्तर दिया- "श्रावस्ती।" बुद्ध ने फिर पूछा- "तुम श्रावस्ती अपने गांव कैसे जाते हो?" उस व्यक्ति ने उत्तर दिया- "कभी बैलगाड़ी से और कभी घोड़े से जाता हूं।" बुद्ध ने फिर से उस व्यक्ति से प्रश्न किया- "तुम्हें श्रावस्ती पहुंचने में कितना समय लगता है?" तब उसने समय का हिसाब लगाकर बताया। बुद्ध ने उस व्यक्ति से पूछा- "अब यहाँ बैठे-बैठे क्या तुम श्रावस्ती पहुंच सकते हो?" वह आश्चर्यचकित हुआ और बोला- "यहाँ बैठे भला मैं श्रावस्ती कैसे पहुंच सकता हूं? इसके लिए तो मुझे चलना पड़ेगा या फिर किसी-न-किसी वाहन का सहारा लेना पड़ेगा।"

बुद्ध ने कहा - "तुम बिल्कुल सही कह रहे हो कि व्यक्ति चलकर ही अपनी मंजिल तक पहुंच सकता है। उसी तरह जो अच्छी बातें होती हैं, पहले उन्हें अपने जीवन में उतारना होता है, उन पर चलना होता है और उनका अनुसरण करना होता है। उसके अनुसार आचरण भी करना होता है। "बुद्ध की यह बात सुनकर उस व्यक्ति ने कहा- "अब मैं अपनी भूल समझ गया हूं। आपने जो मार्ग बताया है, उस पर आज से और अभी से ही चल पडूँगा।" अतः कहने का आशय यह है कि ज्ञान कोई भी हो, वह तभी सार्थक होता है, जब उसको व्यावहारिक रूप में जीवन में उतारा जाता है।

बेमतलब भाग-दौड़

किसी किसान का एक कुत्ता सड़क किनारे बैठकर आने वाली गाड़ियों का इंतजार करता रहता था। जैसे ही कोई गाड़ी आती, वह भौंकता हुआ उसके पीछे दौड़ता। एक दिन उसके पड़ोसी ने उस किसान से पूछा, क्या

तुम्हें लगता है कि तुम्हारा कुत्ता कभी किसी गाड़ी को पकड़ पाएगा?" उस किसान ने जवाब दिया- "सवाल यह नहीं कि वह किसी गाड़ी को पकड़ पाएगा, सवाल यह है कि अगर पकड़ पाएगा तो वह क्या करेगा?

बहुत से लोग ठीक उस कुत्ते के समान बेमतलब कभी धन-दौलत, कभी शक्ति प्रदर्शन, कभी पद, सम्मान आदि पाने के लिए भाग-दौड़ कर रहे हैं ताकि इनके माध्यम से सुख को पकड़ सकें। लेकिन सुख उनकी पकड़ से बाहर ही है। इस संदर्भ में किसी शायर की ये पंक्तियां बहुत ही सटीक हैं।

सुख की तलाश में निकल पड़े हैं अपना सीना ताने।
सुख कहां है, कहां मंजिल है, ऊपर वाला जाने।

अस्तु! मैं विश्वासपूर्वक कह सकता हूं कि यदि आप - "सुख कहां-ढूंढ लिया ठिकाना" पुस्तक में बताए गए रास्ते पर दृढ़तापूर्वक चलते चलेंगे तो आपको भटकना नहीं पड़ेगा और आप सुख के ठिकाने तक बिना किसी अवरोध पहुंच सकेंगे।

2.
सुख क्या और कहाँ?

> सच पूछा जाए तो सुख अपने आसपास ही है। यदि हम उसे ढूंढकर पाना सीख गए, छोटी-छोटी खुशियों से अपना दामन भरने की कला हम में आ गई तो हमारे मन कटुता, असफलता की खीज, कमियों का दुःख, गुरबत के कांटे स्वयं निष्प्रभावी हो जायेंगे।
>
> **-प्रो. बारबरा फ्रोड्रक्सन यूनिवर्सिटी ऑफ नार्थ कैरोलिना**

जीवन में सच्चा सुख क्या है यदि आप किसी से पूछें तो आपको जितने मुंह उतनी बातें सुनने को मिलेंगी। जैसे-धन-सम्पत्ति सभी सुखों का आधार है, संतोष ही परम सुख है, पहला सुख निरोगी काया, भगवान भक्ति के समान और कोई दूसरा सुख इस संसार में नहीं है। मानसिक संतुष्टि को संसार का सबसे सच्चा सुख कहने वाले भी कम नहीं होंगे। वास्तव में सुख को किसी परिभाषा में नहीं बांधा जा सकता। सुख के बारे में इस प्रकार के विभिन्न विचार ही विभिन्न प्रकार की मानसिक सोच है। कोई व्यक्ति भौतिक सुखों को सुख का आधार मानता है तो कोई भौतिक साधनों को दुःख का कारण मानता है। स्पष्ट है कि-

सुख की कोई परिभाषा नहीं है। सुख कोई भौतिक वस्तु भी नहीं है जिसे खरीद लिया जाए, न ही यह कोई समय पश्चात् निश्चित रूप से प्राप्त होने वाली सीमा में बांधा जा सकता, ना ही कोई यह संयोगिक मिश्रण ही है कि अमुक-अमुक मिश्रण को एक निश्चित मात्रा में मिला लिया जाए तो इतनी मात्र में सुख बन जायेगा। फिर भी सुख को अपने-अपने हिसाब से लोगों ने परिभाषित करने का प्रयास किया है।

जबकि खुशी एक अवस्था मात्र है। जेनिफर का कहना है खुशी कुछ समय के लिए प्राप्त होने वाली एक अवस्था है। जब हमें सामान्य जिंदगी से बढ़कर कुछ मिलता है या हम बड़ी सफलता प्राप्त करते हैं तो हम खुश हो जाते हैं। एक न्यूरोट्राँसमिटर डोपामाइन (Neuro trans-mitter Dopamine) उस वक्त हमारे भीतर रिलीज होता है। इसलिए खुशी स्थाई नहीं रहती है, क्योंकि वह एक न्यूरोट्राँसमिटर पर निर्भर करती है। वहीं दूसरी तरफ सुख–जीवन का एक ऐसा स्थाई भाव है, जिसे लम्बे समय तक महसूस किया जा सकता है। यह जीवन की उन घटनाओं और भावनाओं का नतीजा होता है जिन्हें आपने महसूस किया है। इसे एक दिन में हासिल नहीं किया जा सकता। इसलिए यह क्षण भंगुर नहीं है।

गटमैन ने कहा है खुशी और सुख दोनों को हासिल किया जा सकता है। लेकिन हमें सुख की ओर बढ़ना चाहिए, क्योंकि यह स्थायी है।

शर शैय्या पर लेटे हुए भीष्म पितामह से जब पूछा गया कि सबसे बड़ा सुख क्या है? तो उन्होंने उत्तर दिया– "विद्या के समान कोई नेत्र नहीं, राग के समान कोई दु:ख नहीं और त्याग के समान कोई सुख नहीं।"

चाणक्य नीति में बताया गया है कि शांति जैसा तप नहीं है, संतोष से बढ़कर सुख नहीं है, तृष्णा से बढ़कर रोग नहीं है और दया से बढ़कर धर्म नहीं है।

इसलिए कहा गया है :

गौधन, गजधन, रजिधन और रतनधन खान।
जब आवे संतोष धन सब धन धूरि समान।।

अमेरिकी चिंतक 'इमरसन' का कहना है – "यदि मनुष्य केवल सुखी ही होना चाहे तो उसकी इच्छा पूरी हो सकती है, किंतु हम अन्य व्यक्तियों की अपेक्षा अधिक सुखी रहना चाहते हैं और इसी में कठिनाई उत्पन्न हो जाती है।"

रस्किन के अनुसार– "सुख सर्वत्र विद्यमान है, उसका स्त्रोत हमारे हृदय में है।"

शेक्सपियर ने एक स्थान पर लिखा है–

"हमारे विचार ही प्रतिकूलता और अनुकूलता गढ़ते हैं वे ही हैं जो उदासी और प्रसन्नता देते हैं।"

ईसा मसीह का कथन है कि – "स्वर्ग और नर्क हमारे भीतर हैं।"

प्राचीन रोमन दार्शनिक सिनेका का कथन इस संबंध में बड़ा महत्वपूर्ण है उनका कहना है कि–

No man is unhappy except by his own fault.

हर दुःखी आदमी सिर्फ अपनी गलती से दुःखी है जिसे जीवन जीने की अक्ल नहीं है, वही दुःखी है।

उपर्युक्त विद्वानों के कथन के आधार पर सुख के बारे में हम निम्नांकित पहलुओं से विचार कर सकते हैं-

सुख एक विशिष्ट नजरिए में है-

हूयू डाउन्स का कथन है कि सुखी व्यक्ति किन्हीं विशिष्ट परिस्थितियों में रहने वाला व्यक्ति नहीं है, बल्कि विशिष्ट नजरिया रखने वाला व्यक्ति है। बहुत से लोग मानते हैं कि सुख एक स्थिति है जब घटनायें बुरी होती हैं, तो वे दुःखी होते हैं। कुछ लोगों को एक बीमारी होती है जिसे मैं लक्ष्य की बीमारी कहता हूं। वे सोचते हैं कि सुख किसी पद या स्थान पर पहुंचकर ही पाया जा सकता है। कुछेक की "किसी व्यक्ति विशेष की बीमारी" होती है वे सोचते हैं कि किसी व्यक्ति विशेष को जानने या उसके साथ रहने से ही सुख मिलता है।

प्रेम और काम में आनन्द ही सुख है।

एक विद्वान का कथन है कि सुख के सिर्फ दो रास्ते हैं। एक प्रेम और दूसरा काम। जीवन में वास्तविक सुख प्राप्त करने के लिए दो कदम उठाइये। पहला, हर मानवीय सम्बन्ध में प्रेम का समावेश कीजिए। दूसरा, ऐसा काम खोजिए जिसमें आपको आनन्द आए और फिर उसे अच्छी तरह से करने में अपनी शत-प्रतिशत ऊर्जा लगा दीजिए। सबसे प्रेम करें और काम करने का आनन्द लें। अगर आप ऐसा कर लें, तो यह बात तय है कि आप सुखी रह सकेंगे।

सुख दुःख मन के प्रतिबिंब हैं

वास्तव में सुख और दुःख और हैं क्या? वे हमारे मन के ही प्रतिबिंब हैं। हम जिसे चाहते हैं वही सुख है और जिससे नफरत करते हैं वही तो दुःख है। एक आदमी घर जाने को उत्सुक था। वह बोला-मुझे छः महीने हो गए हैं घर ही नहीं पहुंचा हूं। बीच में जब वह अपने एक मित्र से

मिलने गया तो मित्र बोला–दोस्त बहुत दुःखी हूं। छः महिने हो गए मैं घर से बाहर ही नहीं निकला। अब आप ही बताइए सुख कहां है घर में या बाहर।

मीठा घोल है खुशियाँ

वास्तविक रूप में खुशी क्या है? किस चीज का नाम खुशी है? इसका उत्तर कोई नहीं हो सकता, क्योंकि खुशी कोई वस्तु नहीं हैं, इसका कोई आकार नहीं है, बल्कि खुशी उस अदा का, उस व्यवहार, उस कृति का नाम है जिसे देखकर आस–पास के सभी लोग खुश हो जाएँ। खुशियाँ जीवन को मीठा बनाने वाला घोल हैं। खुशियों की फुहार बरसा सकते हैं इसके लिए कोई बड़े त्याग की जरूरत नहीं है, बस छोटी–छोटी बातों से दफ्तर के सहकर्मियों ओर प्रियजनों को खुश कर सकते हैं और उन्हें खुश देखकर खुद भी खुश हो सकते हैं और सुख का अहसास कर सकते हैं।

सुख दुःख अपने ही जाए हैं

डॉ. श्रीराम परिहार का कथन है– "सुख दुःख अपने ही जाए हैं। हम ही उन्हें पैदा करते हैं और हम ही उन्हें पोसते हैं। क्या सुबह का सूरज सचमुच हंसता है? शाम का सूरज क्या उदास होता है? सुबह–शाम के रंगों में हम अपनी ही इच्छाओं, भावों और चित्त दशाओं के रंगों की झिलमिलाहट पाते हैं। सूरज का उदित होना और अस्त होना दोनों ही सहज क्रियाएँ हैं। दोनों ही दशाओं में सूरज उल्लास और विषाद से निरपेक्ष रहता है।"

कृतज्ञता भाव खुशी और सुख

कैलिफोर्निया विश्वविद्यालय, अमेरिका के मनोवैज्ञानिक रॉबर्ट एमन्स का कथन है कि कृतज्ञता का भाव जिन लोगों में होता है उनकी सोच सकारात्मक होती है। कृतज्ञता इंसान की जिंदगी में खुशियां बिखेरकर उसे सुखी बनाने में मददगार होती है। उनके शोधाध्ययन के अनुसार कृतज्ञता का मानसिक स्वास्थ्य के साथ भी मजबूती से संबंध है। कृतज्ञ लोगों में खुशी का स्तर भी अधिक होता है। वे तनाव में कम रहते हैं। अतः उनके अपेक्षाकृत सुखी रहने की संभावना ज्यादा रहती है।

सुख का सूत्र–बदी भूलो, नेकी कर कुएं में डालो।

हकीम लुकमान से किसी ने पूछा कि दुनियां में इंसान को सुखी जीवन जीने के लिए क्या करना चाहिए? हकीम लुकमान ने प्रश्नकर्ता के प्रश्न का उत्तर देते हुए कहा कि संसार में सुखी जीवन जीने के दो उपाय हैं। पहली बात तो यह है कि अगर किसी ने कभी तुम्हारा बुरा किया है या बदी की है तो भूल जाओ। दूसरी बात अगर तुमने किसी पर कोई अहसान किया है तो उसे भी भूल जाओ। ये दोनों बातें याद रखने की नहीं हैं। दोनों भूलने की है।

किसी ने तुम्हें गाली दी एक और तुम उसे याद करते हो बार-बार होगा क्या? हजार गाली समझो तुम खुद अपने को दे रहे हो, जबकि जैसे-जैसे समय बीतता जायेगा, जो घाव हरे थे वह अपने आप भरने लगेंगे। मगर तुम बार-बार उस गाली को याद करके उस हरे घाव को कुरेदते हो और ज्यादा हरा करते हो, भूलने की कोशिश करें तो शांति आयेगी, सुख मिलेगा, आनन्द मिलेगा। इसी तरह तुमने किसी पर कोई अहसान किया है तो उसे भी भूल जाओ- "नेकी कर कुएं में डाल दो।"

सुख सर्वत्र विद्यमान है हमें उसकी पहचान नहीं

जेमी रस्किन के अनुसार-सुख सर्वत्र विद्यमान है, उसका स्त्रोत हमारे हृदय में है। दिन भर की कड़ी मेहनत के बाद शाम को अपने परिवारजनों के साथ चर्चा और विचारों के आदान-प्रदान का सुख, बाहर की कड़-कड़ाती ठंड से लौटकर रजाई में घुसने का सुख, सुबह चाय के कप के साथ ताजा अखबार के पन्ने पलटने का सुख, आंगन में रखे गमले में खिलते हुए ताजा गुलाब के फूल को निहारने का सुख।

गरज यह है कि हम सुख के समुद्र के किनारे दुःखी, तनाव ग्रस्त, परेशान बैठे हुए हैं क्योंकि सुख की पहचान ही नहीं है।

कोई किसमें सुखी, तो कोई किसमें सुखी अपना-अपना नजरिया

कई मनुष्य खाने-पीने में सुख मानते हैं जबकि तपस्वी तप करने में सुख मानते हैं। ब्रह्मचारी ब्रह्मचर्य में सुख मानता है जबकि संसारी विवाह करने में सुख मानता है। अपरिग्रही सब कुछ छोड़ देने में सुख बताता है। जबकि संसारी संग्रह में सुख बताता है। आप मकान बनाकर रहने में सुख मानते हैं जबकि गाडिया-लुहार अपना सब सामान एवं साधन गाड़ी में भरकर घूमते रहने में ही सुख मानते हैं।

स्वाध्याय सुखानुभूति प्रदाता

स्वाध्याय से जो ज्ञानार्जन होता है, उसका अपना अलग ही आनन्द है जिन्हें पढ़ने का शौक है, उन्हें बिना इसके चैन नसीब नहीं होती। अच्छी किताब पढ़ना, अपने आस-पास क्या हो रहा है, उसके बारे में बेखबर नहीं रहने के लिए सजग होना, घटनाओं का विश्लेषण करना उन्हें कसौटी पर रखकर परखना एक सुखानुभूति है।

किंगस्टन यूनिवर्सिटी लंदन के एक शोध निष्कर्ष के अनुसार पढ़ने की आदत इंसान के साथ समानुभूति से पेश आना सिखाती है, दयालु बना सकती है और सुख का अहसास कराती है।

अमेरिका के साइंस एण्ड मेडिसिन जर्नल में प्रकाशित शोध के अनुसार किताबें पढ़ने की आदत है तो आप अधिक समय अच्छी जिंदगी जीते हैं। यदि हर सप्ताह बस साढ़े तीन घंटे पढ़ने की आदत है तो अगले 12 वर्ष तक आप पर मौत का खतरा 17 प्रतिशत कम हो जाता है। वहीं, इससे अधिक पढ़ते हैं तो 23 प्रतिशत और कम हो जाता है।

प्रतिदिन दस से पंद्रह मिनट भी किताब पढ़ने की आदत हो तो आपकी मानसिक और शारीरिक दोनों सेहत के लिए बेहतर हैं साथ ही यह सुख का कारक भी है।

स्वाध्याय यानी पुस्तकें पढ़ने के बारे में लॉर्ड मेकाले का यह कथन बहुत ही सारगर्भित है– "मुझे कोई बड़ा राजा बनाने का वचन दे पर शर्त यह रखे कि पुस्तक पढ़ना छोड़ दो। मैं राज्य को तिलांजली देकर ऐसा गरीब बनना पसंद करूंगा जिसके पास किताबों का भण्डार है।"

सुख कुछ पाने में ही नहीं देने में भी है।

दूसरों से कुछ पाने में ही सुख नहीं है देने में भी है। किसी भूखे को खाना खिलाकर या किसी असहाय की मदद करके आपको जो आनन्द मिलता है, उसके आशीर्वाद से आपका जो आत्मिक बल बढ़ता है, वह कुछ कम नहीं है। "मैं भी किसी को सुखी बना सकता हूं। मेरे सहयोग की अपेक्षा है।" यह भरोसा आत्मविश्वास पैदा करता है। सुख के इस गहन अर्थों को थोड़े ही व्यक्तियों ने समझा है। अधिकांश तो भौतिक साधनों के उपयोग को ही सुख का साधन मानते हैं और उन्हीं के पीछे भागते रहते हैं। यह साधन और ये सुख वास्तविक सुख नहीं हैं।

सुख-दुःख मन के समीकरण

दुनियाँ में बहुतेरे लोग ऐसे हैं जो बहुत अधिक सम्पन्न हैं। करोड़ों-अरबों का उनका व्यापार है। गाड़ी, बंगला, नौकर-चाकर हैं पर क्या वे सुखी लोग हैं? नहीं वे सफल लोग हैं, पर सुखी नहीं। सुख बाहर से नहीं आता। सुख आता है मन के संतोष से। अगर सुखी होने की कसौटी रूपये-पैसे हों तब तो दिगम्बर मुनि सबसे ज्यादा दुःखी माने जायेंगे। क्योंकि उनके पास तो कुछ भी नहीं है। मगर वे सर्वाधिक सुखी हैं। याद रखो साधनों से सुविधा मिल सकती है, सुख नहीं। सुख और दुःख मान्यता में हैं। सुख और दुःख मन के समीकरण हैं। परिस्थिति कितनी ही कठिन हो पर मनःस्थिति ठीक है तो कोई दुःख आपको दुःखी नहीं बना सकता।

सुख मन के भीतर है

एक जिज्ञासु भक्त एक संत के पास गया और उसने प्रश्न किया कि सुख क्या है? मुझे वास्तविक सुख के दर्शन कराइए।

संत ने विचार कर कहा- "सामने तालाब में मगरमच्छ पड़ा हुआ है, उसी से पूछ लो, संभव है कि वही तुम्हारे इस प्रश्न का समाधान कर दे।"

भक्त मगरमच्छ के पास गया और उससे वही प्रश्न किया। मगरमच्छ ने उत्तर दिया-तुम्हारे प्रश्न का उत्तर दूंगा। पहले तुम मुझे पानी पिलाओ, मैं बहुत प्यासा हूं।

इस बात से भक्त को बड़ा आश्चर्य हुआ उसने कहा- "तुम विशाल-जलराशि में पड़े हो और कहते हो कि प्यास लगी है। क्या यह तुम्हारा अज्ञान नहीं है?

तब सुख का रहस्य बताते हुए मगरमच्छ ने कहा-

''तुम अपने अन्दर की ओर दृष्टि करो,
बाहर भटकना छोड़ो, तुम अनन्त सागर में पड़े हो,
उस सुख सागर में डुबकी लगाओ और अपने मन की,
सुख की प्यास को शांत कर लो।

भक्त सुख के रहस्य को भली-भांति समझ गया।

03.

स्वर्ग लोक में सुख की खोज

> पाप-पुण्य की अनेक परिभाषाएँ दी गई हैं। इन परिभाषा और अवधारणाओं के बाद भी संसार का सुख बेमिसाल है। यह धारा मनुष्य के सुकृत्यों से स्वर्ग को भी मात करने वाली है।
>
> **- डॉ. श्रीराम परिहार**

स्वर्ग पृथ्वीलोक से अलग लोक माना गया है, जिसे पाने की इच्छा प्रायः हर मनुष्य को रहती है और लोग यह विश्वास करते हैं कि मरने के बाद वहां पहुंचा जाता है या पहुंचा जा सकता है। इसलिए लोग स्वर्ग पाने के लिए लालायित रहते हैं। वे अपने जीवन में जिन अभावों का अनुभव करते हैं उनकी पूर्ति की कल्पना स्वर्गस्थ देवताओं में करते रहते हैं। हमारी असंख्य कामनायें अधूरी रहती हैं, प्रयत्न करने पर भी असफलता एवं असंतोष के अवसर सामने आते रहते हैं, ये अभाव खटकते रहते हैं। स्वर्ग के बारे में हम कल्पना करते हैं कि वहां पर इच्छा को तत्काल पूरा करने वाला कल्पवृक्ष मौजूद है। उसकी सहायता से जो कुछ भी इच्छा करें वह तुरन्त पूरी हो सकती है। देवताओं को यह लाभ प्राप्त है ही, हमें भी प्राप्त होंगे। यह सोचकर स्वर्ग प्राप्ति के लिए हम जप, तप, पूजा-पाठ, पुण्य, परमार्थ, साधना, उपासना आदि नाना प्रकार के प्रयत्न करते हैं।

स्वर्गलोक है या नहीं? या वह केवल कल्पना मात्र है इस प्रश्न पर विचार करने के पूर्व यह जानना जरूरी है कि धर्म ग्रंथों में स्वर्ग-नरक के बारे में क्या कहा गया है।

हिन्दू धर्म ग्रंथों में स्वर्ग-नरक की अवधारणा :

संसार के सारे धर्मों के ग्रंथों में स्वर्ग-नरक का वर्णन किया गया है। इस संबंध में न जानें कितनी कथाएँ प्रचलित हैं और अनेकानेक विशेषताएँ बताई गई हैं।

हिन्दू धर्म के चार प्रमुख ग्रंथ-ऋग्वेद, अथर्ववेद, यजुर्वेद और सामवेद हैं इनमें स्वर्ग-नरक का वर्णन नहीं किया गया है, लेकिन इन्हीं वेदों को आधार मानकर लिखे गए उपनिषदों में स्वर्ग की परिभाषा दी गई हैं। इसके अनुसार भूलोक के ऊपर विभिन्न प्रकार के लोक हैं, जिनमें एक स्वर्ग लोक है। स्वर्ग लोक में देवता रहते हैं।

यमलोक में 'चित्रगुप्त' हर एक जीव के पुण्य-पाप का विवरण प्रत्येक समय लिखते रहते हैं। जब प्राणी मरकर यमलोक में जाता है तो वह लेख प्रस्तुत किया जाता है और उसी आधार पर अच्छे कार्यों के लिए स्वर्ग और दुष्कर्मों के लिए नरक प्रदान किया जाता है।

गरूड़ पुराण के अनुसार नरक वह स्थान है जहाँ पापियों की आत्मा दण्ड भोगने के लिए भेजी जाती हैं। दण्ड के बाद कर्मानुसार उनका दूसरी योनि में जन्म होता है।

स्वर्ग और नरक लोक कहां स्थित हैं इस संबंध में धर्मग्रंथों और पौराणिक कथाओं से भी स्थिति स्पष्ट नहीं होती। इसके अलावा हिन्दू धर्म और दूसरे धर्मों के ग्रंथों में भी इस बारे में मत-मतांतर हैं।

स्वर्ग नरक के बारे में विभिन्न विद्वानों का मतः

महात्मा बुद्ध, महावीर स्वामी, दार्शनिक सुकरात, कार्ल मार्क्स, भीमराव अम्बेडकर, रजनीश, स्टीफन हॉकिंग एवं अन्य अनेकों महापुरूषों एवं विद्वानों का स्पष्ट मत है कि स्वर्ग और नरक नाम के कोई स्थान विशेष नहीं हैं जहाँ पर मनुष्यों द्वारा किए गए कर्मों का पुरस्कार या सजा के लिए भेजा जाता हो। मनुष्य अपने कर्मों से ही स्वर्ग या नरक की स्थिति को भोगता है। यदि वह बुरे कर्म करेगा तो बुरी जगह और बुरी परिस्थितियों में होगा और अच्छे कर्म करेगा तो अच्छी जगह और अच्छी परिस्थिति में होगा।

स्वर्गलोक की वास्तविकता को मानें तो भी वहां सुख कहां?

यह स्पष्ट किया जा चुका है कि स्वर्ग लोक कल्पना मात्र हैं। इसके बावजूद भी जो लोग स्वर्गलोक पर विश्वास करते हैं और सोचते हैं कि वास्तव में स्वर्ग लोक है और वहां सुख ही सुख है, दुःखों का नामो-निशान नहीं है तो उनकी ऐसी सोच सही नहीं है। स्वर्ग लोक केवल सुविधाओं, साधनों के भरपूर उपभोग का स्थान मात्र है, सुख का लोक या स्थान नहीं है। क्योंकि-

1. धर्म ग्रंथों में कहा गया है कि मानव परमात्मा की सर्वश्रेष्ठ कृति है। स्वर्ग यदि सुख लोक होता तो फिर देवता मानव देह प्राप्त करने के लिए क्यों लालायित रहते हैं?

2. स्वर्ग लोक निवासी देवता क्यों भूलोक के आर्य क्षेत्र में सदाचारी माता की कोख से जन्म लेना चाहते हैं।

3. सभी लोग भूलोक से स्वर्ग लोक जाने के आकांक्षी क्यों नहीं हैं। कुछ लोग क्यों वहां जाने से स्पष्ट मना कर देते हैं?

4. जो लोग स्वर्ग लोक पहुंच गए हैं। उनमें से कई वहां की घुटन से परेशान हो पुनः भूलोक आना चाहते हैं।

5. परिवार और वैवाहिक जीवन का सुख स्वर्ग लोक में सम्भव नहीं हैं।

6. तपस्या, ध्यान, पुण्यकर्म, दान आदि की सुविधाएं स्वर्ग लोक में नहीं हैं।

7. दीन-दुखियों की सेवा का अवसर स्वर्गलोक में उपलब्धा नहीं हैं।

8. स्वाध्याय से सुख और आनन्द की जो प्राप्ति होती है वह स्वर्ग लोक में सम्भव नहीं।

9. ज्ञान स्वर्ग से भी ऊँचा माना गया है। स्वर्ग में क्षणिक विलास की सुविधााएँ तो प्राप्त की जा सकती है। किंतु शाश्वत आनन्द और सुख का प्रदाता तो ज्ञान ही है। कहा गया है- 'विद्या या अमृत मश्नुते' इसके समक्ष स्वर्ग का सुख तुच्छ है।

उपर्युक्त बिंदुओं या बातों के पुष्टिकरण या समर्थन में उदाहरण प्रस्तुत हैं-

मानव परमात्मा की देव से भी श्रेष्ठ रचना

मानव परमात्मा की देव से भी श्रेष्ठ रचना है। वह सृष्टि की सर्वश्रेष्ठ रचना होने के कारण परमात्मा की अंतिम कृति मानी जाती है। उसके महत्व को लक्ष्य करके यहाँ तक कह दिया गया है कि मनुष्य में परमात्मा के स्वरूप की झांकी देखी जा सकती है।

अर्थात् परमात्मा ने अपनी प्रतिमूर्ति के रूप में मनुष्य को बनाया है। 84 लाख योनियों में भ्रमण करने के उपरांत अनेक बार जन्म और मृत्यु का वरण करने के बाद जीवात्मा को मानव शरीर प्राप्त होता है। रामचरितमानस में तुलसीदास जी ने लिखा है-

आकर चारि लाख चौरासी।
जाति जीव जन्तु थल नभ बासी।।
बड़े भाग मानव तन पांवा।
सुर नर मुनि सद्ग्रंथन् गावा।।

मनुष्य शरीर दिव्य है। इस देह को प्राप्त करने के लिए तो देवता भी लालायित रहते हैं। स्वर्ग के दिव्य वैभव में रहने वाले देवों का हृदय भी जिन वस्तुओं की प्राप्ति के लिए आतुर रहता है वे हैं मानव जीवन।

आर्य क्षेत्र और सदाचारी माता की कोख में जन्म

आधयात्मिक क्षेत्र में तो मानव भूमि स्वर्ग लोक की भूमि से आगे है। अवतारों का इतिहास बताता है कि भगवान् राम, भगवान् कृष्ण, महावीर स्वामी, प्रभु ईशु, हजरत मुहम्मद आदि जितने अवतार अथवा पैगम्बर हैं सभी इस धारा पर पैदा हुए हैं।

रामचरित मानस के उत्तरकाण्ड में काकभुशुण्डि से गरूड़ प्रश्न करते हैं कि सबसे उत्तम देह कौन-सी है? तो वे कहते हैं-

नर तन सम नाहिं कवानिउ देही।
जीव चराचर जाचक ते ही।।

चर-अचर सब जीव इस मनुष्य शरीर की याचना करते हैं, मांग रखते हैं।

धरती स्वर्ग से भी श्रेष्ठ-स्वर्ग जाने से इंकार

एक समय की बात है। देवराज इंद्र के दरबार में चर्चा चल रही थी कि पृथ्वी पर वर्तमान में सर्वश्रेष्ठ ऋषि कौन हैं? सभी देवगणों ने कहा- भगवान् गणेश के भक्त मुद्‌गल जैसा श्रेष्ठ ऋषि पृथ्वी पर दूसरा कोई नहीं है।

देवराज इंद्र बोले- "मेरी यह इच्छा है कि हम उन्हें स्वर्ग में लाकर सम्मानित करें।"

इंद्र की बात सुनकर नारदजी बोले कि क्या ऋषि मुद्‌गल स्वर्ग में आने के लिये तैयार होंगे?

देवगण कहने लगे कि भला स्वर्ग में जाने के लिए कौन तैयार नहीं होगा। ऋषि मुनि वर्षों तक तपस्या करते हैं फिर भी अनेकों को यह अवसर नहीं मिलता। ऐसे में मुद्‌गल तो खुशी-खुशी आ जायेंगे।

नारदजी ने कहा-यदि आपको मेरे कथन पर विश्वास नहीं है तो जाकर परीक्षा कर लो।

दो देवदूत ऋषि के पास पृथ्वी पर भेजे गए। दूतों ने कहा-हम देवराज इंद्र के दूत हैं, हम आपको स्वर्ग ले जाने के लिए आए हैं।

ऋषि मुद्‌गल बोले-देवदूतों आप देवराज इंद्र से जाकर कहना कि मैं स्वर्ग में रहने का इच्छुक नहीं हूँ।

देवदूतों ने प्रश्न किया-आप स्वर्ग क्यों नहीं जाना चाहते?

ऋषि बोले-स्वर्ग और नरक तो इसी धरती पर है। जो लोग पापी हैं, दुष्कर्मी हैं उनके लिये सब जगह नरक ही नरक है और जो लोग पुण्यवान और सत्कर्मी हैं, पापों से दूर रहते हैं उन्हें इस धरती पर ही स्वर्ग का आनन्द मिलता है। फिर मातृभूमि से बड़ा कौन सा स्वर्ग है। मुझे तो यह धरती स्वर्ग से भी श्रेष्ठ लगती है।

स्वर्ग में विलास की सुविधाएँ तो हैं, किंतु शाश्वत सुख-आनन्द नहीं

ऋषि भरद्वाज का समूचा जीवन तपस्या में व्यतीत हुआ। जीवन के अंतिम क्षणों में जब देवदूत उन्हें लेने आए तो उन्होंने देवदूतों का सर्वप्रथम आभार प्रकट किया व साथ ही उनसे अनुरोध किया- "यदि आप सभी देवगण मुझ पर प्रसन्न हों तो कृपाकर मुझे भूलोक में ही जन्म लेने का सुअवसर पुनः प्रदान करें। स्वर्ग में क्या करूंगा।"

ऋषिवर की इस विचित्र इच्छा से देवदूतों को बड़ा आश्चर्य हुआ। इस कठोर निर्णय के पीछे का कारण जानने की जिज्ञासा में देवदूतों ने उनसे पूछ ही लिया- "ऋषिवर! तपस्या का लक्ष्य स्वर्ग होता है, वो आपको मिल चुका है। तब तप किसलिए?" भरद्वाज मुस्कुराए और अपना मंतव्य स्पष्ट करते हुए कहने लगे-''ज्ञानसंचय के लिए देवगण। पूर्ण सत्य तक पहुंचने के लिए अभी विद्या की संपदा मेरे पास नहीं के बराबर है और उसके लिए अभी मैं और भी अनेक जन्मों तक तप करने का आकांक्षी हूं।"

अपनी बात आगे बढ़ाते हुए ऋषिवर कहने लगे- "हे देवगण! आप तो जानते ही हैं कि ज्ञान स्वर्ग से ऊँचा है। स्वर्ग में क्षणिक विलास की सुविधाएँ तो प्राप्त की जा सकती हैं, किंतु शाश्वत आनंद और सुख का प्रदाता तो एकमात्र ज्ञान ही हैं।" देवगण भारद्वाज के ज्ञान से अत्यंत प्रभावित हुए व उन्हें मनोवांछित गति ससम्मान प्रदान की। सत्य कहा गया है कि 'विद्या या अमृत मश्नुते' -इसके समक्ष सारे संसार का वैभव यहाँ तक कि स्वर्ग का सुख भी तुच्छ है।

परलोक के स्वर्ग की घुटन से लौटे भूलोक

पुण्यात्मा और महाप्रतापी विद्रुधा की समयानुसार मृत्यु हुई। सत्कर्मों के फलस्वरूप उन्हें स्वर्ग प्राप्त हुआ जहाँ वे सुख साधनों का उपभोग करने लगे। लेकिन कुछ समय बाद ही उन्होंने महसूस किया कि वहां सुख साधन तो बहुत हैं लेकिन परमार्थ के अवसर नगण्य हैं। ऐसे स्वर्ग में उनका दम घुटने लगा। उनके मन में विचार आया कि जहाँ सुख हो, पर पुण्य करने का संतोष लाभ न मिले ऐसे स्वर्ग में रहकर मैं क्या करूंगा? वे उदास रहने लगे। उनकी उदासी उनके चेहरे पर स्पष्ट झलकने लगी।

देवराज इंद्र ने जब उनसे उनकी उदासी का कारण पूछा तो उन्होंने अपने मन की व्यथा कह सुनायी-मुझे सुख नहीं, शांति चाहिए, मैं विलास नहीं परमार्थ की कामना रखता हूं।

उनकी इस पुनीत अभिलाषा को देवराज इंद्र और देवगुरु बृहस्पति ने बहुत सराहा और कहा-

'सुविधाओं से भरे हुए स्वर्ग की अपेक्षा तपस्वियों का तपलोक अधिक श्रेष्ठ है। विद्रुधा देवताओं से अधिक श्रेष्ठ हैं, इसलिए उन्हें वहां भेजा जाए,

जहाँ पुण्य-परमार्थ और सेवा-साधन के ज्यादा अवसर उपलब्ध हैं। ऐसा तपलोक ही श्रेष्ठ आत्माओं के लिए उपयुक्त हैं। सभा में उपस्थित देवताओं ने पूछा- "तपलोक कहां है देवगुरू?"

देवगुरू ने कहा- "मनुष्य लोक ही तपलोक है उच्च कोटि के देवता वहां निवास करते हैं। सेवा और संयम से प्राप्त होने वाला संतोष इस लोक में कहां? वह अवसर तो केवल भूलोक के निवासी मनुष्य रूपी देवताओं को ही उपलब्ध है।"

विद्रुधा की महानता के आगे देवताओं के मस्तक झुक गए। पुण्य परमार्थ का संतोष लाभ प्राप्त करने के लिए उन्हें पुनः भू-लोक भेज दिया गया। लौटने पर उन्होंने अत्यंत प्रसन्नता और संतोष अनुभव किया।

मेरी अंतदृष्टि खुल गई, अब मुझे स्वर्ग का सुख नहीं चाहिए -

राजा नंद, महात्मा बुद्ध का सौतेला भाई राजा नंद हमेशा राजसी सुख में मग्न रहता था। प्रजा की भलाई के लिए वह कोई कार्य नहीं करता था, जिससे प्रजा की दशा दिनों दिन खराब होती जा रही थी। भ्रष्ट राजा के अधीनस्थ मंत्रीगण भी प्रजा को कष्ट देते थे और भ्रष्टाचार करते थे। एक बार जब महात्मा बुद्ध का कपिलवस्तु में आगमन हुआ तो लोग उनके पास पहुंचे और उनसे अपनी व्यथा कह सुनाई।

भगवान बुद्ध, नंद से मिलने गए। नंद उस समय राजमहल में नृत्य-संगीत का आनंद ले रहा था। बुद्धदेव राजदरबार में बहुत देर तक प्रतीक्षा करते रहे, फिर लौट आए। जब थोड़ी देर बाद एक दासी ने उनके वापस जाने की बात नंद को बताई तो उसे दुःख हुआ और उसने बुद्धदेव से माफी मांगने का निश्चय किया। जाने से पहले जब वह रानी के पास गया तो वह उस समय हाथों पर सुगंधित लेप लगा रही थी। उसने अनमने ढंग से कहा- "जाइए, मगर मेरे हाथों का लेप सूखने से पहले लौट आइए।"

राजा नंद, बुद्धदेव के पास पहुंचा और उसने उनसे अपनी धृष्टता के लिए क्षमा मांगी। तथागत ने कहा- "नंद यदि तुम्हें सचमुच दुःख है तो मेरा उपदेश ग्रहण करो।" नंद को रह-रहकर रानी की बात याद आ रही थी- "मेरे हाथों का लेप सूखने से पहले लौट आइएगा। परंतु साथ ही उसे यह भी

भान था कि भगवान् बुद्ध एक महापुरूष हैं और इसलिए वह उनके सम्मुख पुनः धृष्टता नहीं करना चाहता था। इसलिए उसने तथागत का उपदेश ग्रहण करने के लिए हामी भर दी।

तथागत ने स्नेहपूर्वक उसे ज्ञानोपदेश दिया, किंतु नंद का उस ओर बिल्कुल ध्यान न था। भगवान् बुद्ध ने कहा– "नंद! तुम सुख और आराम का जीवन व्यतीत करना चाहते हो तो आओ, मैं तुम्हें स्वर्ग लिए ले चलता हूं।" उनका इतना कहना ही था कि सारा दृश्य बदल गया। अब उसे एक प्रकाशित मार्ग दिखाई पड़ा। उस प्रकाशित मार्ग के दूसरे सिरे पर ऐश्वर्यों से युक्त स्वर्गलोक था।

स्वर्ग की समृद्धि देख उसकी आंखें चौंधिया गईं। वहां की सुंदर अप्सराओं को देखकर उसे अपना राजमहल फीका लगने लगा। स्वर्ग का यह सुख प्राप्त करने के लिए उसका मन छटपटा उठा। बुद्धदेव से उसकी यह मानसिक दशा छिप न सकी। उन्होंने उससे पूछा– "नंद! क्या तुम स्वर्ग के इस सुख को पाना चाहते हो?" नंद ने हामी भरी। नंद के हामी भरने पर भगवान् बुद्ध बोले– "स्वर्ग की प्राप्ति तपस्या से अर्जित पुण्य के फलस्वरूप होती है। यदि तुम स्वर्ग के भोग चाहते हो तो तुम्हें इसके लिए कठिन तप करना पड़ेगा। क्या तुम तप करने के लिए तैयार हो?"

राजा नंद का मन स्वर्ग के ऐश्वर्य को प्राप्त करने के लिए इतना विकल था कि वह तुरंत तप की विधि समझने के लिए तत्पर हो उठा। भगवान् बुद्ध ने उसे तप का मार्ग दिखाया। बस, उस दिन से नंद ईश्वर के ध्यान में मग्न रहने लगा। स्वर्ग का सुख पाने के लिए वह इतना अधीर था कि उसे पाने के लिए वह कुछ भी कर सकता था। धीरे-धीरे उसे तपस्या में आनन्द मिलने लगा। उसने महसूस किया मानो उसके ज्ञान चक्षु खुल गए हैं।

बहुत दिनों बाद एक दिन भगवान् बुद्ध, नंद के पास गए तो उन्होंने स्नेह से उसके सिर पर हाथ फेरते हुए कहा– "नंद तुम्हारी तपस्या पूरी हो गई। अब तुम स्वर्ग का सुख पा सकते हो।" सुनते ही नंद ने हाथ जोड़कर कहा– "प्रभु! क्षमा करें, अब मुझे स्वर्ग का सुख नहीं चाहिए। मेरी अंतःदृष्टि खुल गई है। मुझे सच्चा ज्ञान प्राप्त हो गया है। सच्चा सुख भोग में नहीं, योग में है, तप में है, ध्यान में है, भक्ति में है। अब मैं भोग-विलास त्यागकर तप, ध्यान में ही आनंद प्राप्त करना चाहता हूं, साथ ही अपनी प्रजा की सेवा भी।"

स्पष्ट है कि न कोई स्वर्ग है, न कोई नरक है जो मरणोपरांत उपलब्ध हो। नरक स्वर्ग का कोई भूगोल भी नहीं है, जिन्होंने यह धारणा दी उसके पीछे कारण था नैतिकता। किसी तरह से मनुष्य नैतिक हो। बुराई, चोरी, हत्या, व्यभिचार न करे। नरक का डर देकर और स्वर्ग का लोभ देकर उसे अच्छा इंसान बनाया जाए।

वास्तव में स्वर्ग और नरक हम साथ लेकर जी रहे हैं। जब हम दुःखी हैं, पीड़ित हैं तब समझें कि हम नरक में हैं और जब भी हम आनंदित हैं, प्रेम से जी रहे हैं तब समझें कि हम स्वर्ग में हैं। स्वर्ग और नरक कहीं दूर नहीं है, नकारात्मक विचार रखने वाले अपना नरक साथ लेकर घूमते हैं ऐसे लोगों से कोई बात बताई जाये तो वे उसमें नकारात्मक पहलू ही निकालकर बतायेंगे। ऐसे लोगों से मिलकर आप सोचने लगते हैं कि इनसे कैसे जल्दी पीछा छूटे।

नरक को स्वर्ग में परिवर्तित करने की कुंजी :

मन को संतुलित करने के लिए किया हुआ प्रयत्न जीवन के सारे स्वरूप को ही बदल देता है। नरक को स्वर्ग में परिवर्तित करने की कुंजी मनुष्य के हाथ में है। सोचने का तरीका बदल डालें, खिलाड़ी भावना रखकर जिंदगी का खेल-खेलें, नाटक के पात्रों की तरह अभिनय का आनन्द लेते हुए दिन गुजारें, बुराई में भलाई और निराशा में से आशा की किरणें, ढूंढने का अभ्यास करें, मनुष्य हंसते-खिलते गुलाब के रूप में परिणित होकर न केवल अपनी ही मानसिक समस्या हल कर ले, वरन् पड़ोसियों और सम्बन्धियों के लिए भी प्रसन्नता, आशा एवं सुख की प्रेरणा का केंद्र बन सकता है।

04.

सुख क्या धन-दौलत में है?

> सुख के लिए पैसा 'कुछ' तो हो सकता है, 'बहुत कुछ' भी हो सकता है लेकिन 'सबकुछ' कतई नहीं जिन्होंने पैसे को सब कुछ माना वे जीवन के आखिर में रोये हैं।
>
> **-मुनिश्री तरूण सागरजी**

आज हर आदमी पैसा यानी धन के पीछे भाग रहा है। धन, खुशी, सुख, शक्ति, सुरक्षा, स्वतंत्रता आदि सभी कुछ देता है और ऐसा कौन-सा इंसान है जिसे ये चीजें नहीं चाहिए। यह है धन की शक्ति, जिससे कमजोर भी बलवान बन जाता है और जिसके अभाव में बलवान भी किसी काम का नहीं। इसी के प्रभाव से मूर्ख भी विद्वान नजर आता है। निन्दनीय भी वंदनीय हो जाता है। इससे समाज में न केवल स्वयं की वरन् परिवार की प्रतिष्ठा भी बढ़ जाती है। किसी व्यक्ति की सफलता भी धन से ही मापी जाती है। यानी जिसके पास जितना अधिक धन होगा वह व्यक्ति उतना ही अधिक सफल कहलाता है।

जब तक हम गरीबी या दरिद्रता में फंसे रहते हैं, तब तक न तो कोई महत्त्व का कार्य कर सकते हैं और न अपनी क्षमताओं का ठीक से उपयोग कर सकते हैं। भूखा मनुष्य कैसे अपने शरीर और दिमाग को सुव्यवस्थित रख सकता है। खुशी और आनन्द को नष्ट करने वाली यह गरीबी न केवल प्रगति का मार्ग अवरूद्ध करती है वरन् अनेक बुराइयों को जन्म देती है। प्रेम के स्थान पर कलह और सुख के स्थान पर दु:ख उपजाती है। कई बार तो यह मनुष्य को अभाव, अपमान, लांछन, ग्लानि आदि के द्वारा आत्महत्या

जैसी दु:खद घटनायें उपस्थित करती हैं। दुनिया में गरीबी से कष्टदायक और दूसरी कोई चीज नहीं है।

दुनियां का यह नियम है साहब जब तक पैसा है तब तक 'हाउ आर यू' और जब पैसा खत्म हो गया तो 'हू आर यू'

किसी शायर ने ठीक ही कहा है-

गरीबी में टूट जाते हैं वो रिश्ते जो खास होते हैं।

दुश्मन भी दोस्त बन जाते हैं जब पैसे पास होते हैं।

रामचरितमानस में भी जब गरूड़ कागभुशुण्डि से यह प्रश्न करते हैं कि संसार में सबसे बड़ा दु:ख कौन-सा है तब कागभुशुण्डि उत्तर देते हैं-

''नहि दरिद्र सम दु:ख जग माहि"

अर्थात् उन्होंने दरिद्रता को जीवन का सबसे बड़ा दु:ख बताया है।

ऋग्वेद की 'श्रीमूल' में भी महालक्ष्मी से प्रार्थना की गई है कि हे देवी मैं आपका वरण करता हूं, आप दरिद्र का, अलक्ष्मी का नाश कर मेरे घर में अभूति, असमृद्धि को दूर करें।

तात्पर्य यह है कि जहाँ लक्ष्मी का वास रहता है वहां सुख-समृद्ध है, आनन्द है। जहाँ अलक्ष्मी का वास है वहां दरिद्रय है, दु:ख है। निरन्तर अभाव की स्थिति होने से अनेक कष्टों का सामना करना पड़ता है। निश्चय ही मानव जीवन में दरिद्रता से बढ़कर कोई दु:ख नहीं है।

"निर्धनता से मनुष्य को लज्जा आती है, लज्जा से पराक्रम नष्ट हो जाता है, पराक्रम नष्ट हो जाने पर अपमान होता है, अपमान से दु:ख होता है, दु:ख से शोक होता है, शोक से बुद्धि नष्ट हो जाती है और बुद्धि के न रहने से मनुष्य का नाश हो जाता है। सच है कि निर्धनता सब विपत्तियों की जड़ है।"

दीपावली के पर्व पर हम जगत जननी माँ महालक्ष्मी से याचना करते हैं कि-

"हे माँ, हमें धन, वैभव, सम्पन्नता प्रदान करो। हमारे घर को सुख-समृद्धि से भर दो। धन के अभाव में हम जीवन की आवश्यकताओं की पूर्ति नहीं कर सकते।"

क्या धन अथवा पैसा ही 'सुख' है?

सुख का धन से क्या सम्बन्ध है। अधिकांश लोग सोचते हैं कि जो अधिक धनी है, वह उतना ही सुखी है। इस हिसाब से अधिक आय अर्जित करने वाले सुखी और खुशहाल जिन्दगी बिताते होंगे, लेकिन ऐसा नहीं है।

सुख के लिए पैसा 'कुछ तो हो सकता है, 'बहुत कुछ' भी हो सकता है लेकिन सब कुछ कतई नहीं हो सकता। पैसा साधन है साध्य नहीं। नौकर है मालिक नहीं। जो स्वामी या मालिक मान कर काम करते हैं तो वह सुखी करने के स्थान पर दु:खी बना देगा।

ब्रिटेन में किए गये एक सर्वेक्षण ने यह सिद्ध कर दिया कि पैसा ही सब कुछ नहीं होता। अबरडीन यूनिवर्सिटी के प्रोफेसर डॉ. रेनिआ लिओनटैरिडी और यूनिवर्सिटी ऑफ वेल्स, स्वानासिआ के प्रो. पीटर स्लोएन के नेतृत्व में किये गये इस सर्वेक्षण में पाया गया कि कम पैसे कमाने वाले ब्रिटिश ज्यादा पैसा कमाने वाले ब्रिटिश की तुलना में अधिक सुखी रहते हैं। डॉ. रेनिआ के अनुसार कम समय काम करके कम पैसा कमाने वाले ब्रिटेन निवासियों को तनाव भी कम होता है। इसके अलावा अपने परिवार के साथ ज्यादा समय बिता पाना उनकी सबसे बड़ी खुशी होती है।

अमेरिका के मनोवैज्ञानिकों द्वारा ब्रिटेन में किये गये एकशोध रिपोर्ट के मुताबिक ब्रिटेन में हर हफ्ते 255 डॉलर कमाने वाला व्यक्ति अधिक कमाने वाले व्यक्तियों की तुलना में अधिक खुश रहता है। सरकारी मापदंडों के अनुसार एक ब्रिटिश की औसत इनकम 19 हजार 936 डॉलर प्रतिवर्ष है, जबकि दो तिहाई लोग 13 हजार 290 डॉलर प्रतिवर्ष कमाते हैं। लगभग 10 हजार वर्कर्स और 5 हजार परिवारों को लेकर हुए इस सर्वेक्षण में पाया गया कि पुरूषों की तुलना में महिलायें अपने काम से ज्यादा खुश हैं। रिपोर्ट में बताया गया है कि पेट्रोलियम इंजीनियर टेरी जुड़ ने अपनी 500 डॉलर प्रतिदिन कमाने वाली नौकरी छोड़कर 15 हजार डॉलर प्रतिवर्ष की नौकरी सिर्फ इसलिए ज्वाइन की है ताकि वह अपने परिवार के साथ ज्यादा समय गुजार पाएँ। टेरी कहते हैं कि अब वे काफी "रिलैक्स्ड" हैं, क्योंकि उन पर "वर्कलोड" नहीं हैं। डॉ. स्लोएन के मुताबिक अधिक कमाने वाले वर्कर्स को काम के अलावा अपने प्रमोशन और नौकरी का खतरा बना होता है, जिससे वे घर में भी चैन से नहीं रह पाते।

ओहायो स्टेट यूनिवर्सिटी के मनोवैज्ञानिक डॉ. लिनचिएठ चेंग और रॉबर्ट एम अर्किन ने "मटीरियलिज्म" और खुशियों के सम्बन्धों को जांचने के लिए किए गए एक अध्ययन में पाया कि वास्तव में मटीरियलिज्म जीवन में खुशियां, प्यार और संतुष्टि नहीं ला सकता। वैज्ञानिकों के अनुसार इसकी दो

वजह है। पहली वजह यह है कि मटीरियलिस्टिक व्यक्तियों का ध्यान इस तथ्य पर नहीं होता कि उनके पास क्या-क्या है। वे हमेशा उन लोगों को देखते हैं, जो उनसे कुछ अच्छी स्थिति में हैं। यही तुलना उन्हें हमेशा खुशी और तनाव ग्रस्त बनाए रखती है।

मनोवैज्ञानिक के मुताबिक दूसरी वजह यह है कि मटीरियलिस्टिक व्यक्तियों में अहसास विकसित नहीं हो पाता कि वे एक व्यक्ति के रूप में वास्तव में क्या हैं। इसकी भरपाई वे महंगी-महंगी चीजें खरीदकर करना चाहते हैं और आशा करते हैं कि ये महंगी चीजें अन्य लोगों को इम्प्रेस करेंगी। वे अपने व्यवहार या रिश्तों के निर्वाह के द्वारा कोई स्थान हासिल करने की बजाय अपने लिए एक पहचान खरीदना चाहते हैं। यही वजह है कि मटीरियलिस्टिक व्यक्तियों से उनके करीबी लोग कभी संतुष्ट नहीं होते और वे हमेशा किसी के प्यार या भावनात्मक सहारे के लिए तरसते रहते हैं।

धन कुबेर हेनरी फोर्ड से जब यह पूछा गया कि क्या आप दुनिया के सबसे अधिक सुखी व्यक्ति हैं? तो उन्होंने उत्तर में यही कहा कि मैं तो धन को ढोने वाला बैल हूं। धन सम्पति से भी क्या कभी किसी को सुख मिलता है।

आस्ट्रेलियाई विद्वानों और विशेषज्ञों के एक नये रिसर्च में भी इस बात की पुष्टि हुई है कि भौतिक सुख पाने की असीमित लालसा इंसान की मन की शांति खत्म कर देती है। विशेषज्ञों ने अपने विस्तृत अध्ययन में भौतिक वस्तुओं को प्राप्त करने की अत्याधिक चाह और नकारात्मक मनोवैज्ञानिक प्रवृत्तियों के बीच काफी गहरा सम्बन्ध पाया है। अध्ययन दल के प्रमुख न्यू कैसल यूनिवर्सिटी के प्रोफेसर शाओन सेंडर्स कहते हैं कि पैसे की चाह में आदमी पागल रहता है, लेकिन क्या पैसे से आज तक कोई मन की शांति खरीद सका है? ज्यादा पैसा और सुख-सुविधायें जुटा लेने की फिक्र में इंसान बदहवास होकर पैसे के पीछे भागने लगता है। इस उठा-पटक से वह अपने लिए भौतिक सुख-सुविधाएं तो हासिल करने में कामयाब हो जाता है, लेकिन पैसे कमाने की इस आपाधापी में उसके भीतर का चैन खत्म हो जाता है, जिसके कारण वह मानसिक रूप से अशांत हो जाता है। सेंडर्स का कहना है कि लोग अपनी तुलना दूसरों से करने लगते हैं। दूसरे के ठाट-बाट, रहन-सहन और उच्च जीवनशैली को देखकर वे भी उसे पाने का प्रयास करते हैं, लेकिन जब वे इसमें कामयाब नहीं हो पाते, तो उन्हें निराशा घेर

लेती है। इसलिए हमेशा अपने हाल में मस्त रहने का प्रयास करना चाहिए और अपने पास जो है, उसी में संतोष करने की आदत डालनी चाहिए।

सेंडर्स कहते हैं कि कई अध्ययनों और शोधों से यह बात सामने आई है कि भौतिकवाद और जीवन संतुष्टि के बीच नकारात्मक संबंध पाया जाता है, इसलिए इंसान को अपनी इच्छाओं को सीमित रखना चाहिए, क्योंकि सुख-सुविधायें हासिल कर लेने पर भी मनुष्य की इच्छाओं का अंत नहीं होता, बल्कि वे और बढ़ती जाती हैं और यही आगे चलकर असंतोष का कारण बनती हैं।

सुख के माप के संबंध में आपको एक बात और बताना चाहूंगा कुछ वर्षों पूर्व एक अध्ययन दल ने विभिन्न देशों का भ्रमण कर यह जानने का प्रयास किया कि विश्व में कौन-से देश के निवासी सबसे अधिक सुखी हैं और सुख में विभिन्न देशों के निवासियों का क्या क्रम है।

आपको यह जानकर आश्चर्य होगा कि उनके अध्ययन के निष्कर्ष के अनुसार विश्व में बांग्लादेश के निवासी सबसे अधिक सुखी हैं और सुख में यू.एस.ए. जैसे धनाड्य देश का क्रम 46वां है। इस सम्बन्ध में मुझे इस बारे में जानकारी नहीं है कि सुख को मापने या देखने के लिए उन्होंने क्या पैरामीटर तैयार किया था या अध्ययन के लिए उनकी क्या प्रश्नावली थी।

लेकिन इन अध्ययनों ने हमें यह बात सोचने पर अवश्य मजबूर किया है कि भौतिक प्रगति और सुख में विरोधाभास है। जैसे हम भौतिक रूप से साधन सम्पन्न होते जा रहे हैं, वैसे सुख हमसे दूर होता जा रहा है।

ईश्वर ने दी जिंदगी
हंसने, खाने, गाने को,
मनुष्य ने फिर भी इसे लगाया,
बस लालसाओं के विस्तार में,
यंत्र बना बैठा वह तन-मन,
बस लगा
अर्थ के पाने को,
भूल गया कि अनुपम,
अनगिनत खुशियां,
बिखरी हैं संसार में।

05.

पहला सुख निरोगी काया

> निरोगी काया धर्म, अर्थ, काम और मोक्ष का मूल है। अस्वस्थ मनुष्य तो इस पृथ्वी का एक भार है जो दूसरों के कष्ट का कारण बनकर अपनी सांसे पूरी करता है। सुखी जीवन का स्वाद लेने से और मनुष्यता के उत्तरदायित्वों को पूरा करने से वह सर्वथा वंचित रह जाता है।
>
> **-स्वामी चैतन्य कीर्ति**

अच्छा स्वास्थ्य जीवन का एक सर्वोत्तम वरदान है। संसार के सभी कार्य स्वास्थ्य पर निर्भर हैं। जिस काम को करने में किसी प्रकार की परेशानी न हो, मेहनत से जी न उकताए, मन में काम करने के प्रति उत्साह बना रहे और मन प्रसन्न रहे, मुख पर आशा की झलक हो, यही शरीर के अच्छे स्वास्थ्य की पहचान है। जिसका स्वास्थ्य अच्छा होता है, उसमें प्राणशक्ति अधिक होती है। अतः व्यक्ति धनोपार्जन, सामाजिक, नैतिक, आध्यात्मिक एवं वैयक्तिक सब कर्त्तव्यों का पालन कर सकता है और अपनी जीवन यात्रा सुखशांति से पूर्ण कर सकता है। इसीलिए कहा गया है- पहला सुख निरोगी काया।

अच्छी प्राणशक्ति वाली स्वस्थ काया ही सुख की जननी है। बिना इसके सुख संभव नहीं। अशक्त मनुष्य किसी न किसी प्रकार दुःख में निरंतर डूबे रहते हैं। निर्बलता एक बहुत बड़ा पाप है जिसके परिणाम स्वरूप नाना प्रकार के दुःख उठाने पड़ते हैं। इसलिए दुःख से बचने और सुख प्राप्त करने के लिए शक्ति सम्पन्न होने की आवश्यकता है।

ईश्वर प्राप्ति, धर्म साधना और परमार्थ की उपलब्धि के लिए भी शक्ति की उतनी ही आवश्यकता है जितनी की सांसारिक सफलताओं के लिए। शक्ति सम्प्रदाय तो एक मात्रा शक्ति को ही ईश्वर मानता है। गीता में भगवान ने अपनी विभूतियों का वर्णन करते हुए शक्तिशाली बड़े उत्तम पदार्थों में ही अपनी स्थिति बताई है। मुक्ति और स्वर्ग भी पुरूषार्थ के बल के फल हैं।

शरीर वीणा और आनन्द संगीत

संसार के प्रत्येक क्षेत्र में स्वस्थ शरीर की अनिवार्य आवश्यकता है। उपार्जन से लेकर भोजन तक और संघर्ष से लेकर मनोरंजन तक ऐसा कोई भी क्षेत्र नहीं है, जिसमें अस्वस्थ शरीर वाला व्यक्ति सफलता एवं सार्थकतापूर्वक सुख से जी सके। किसान से लेकर क्लर्क तक और उद्योगपति से लेकर श्रमिक तक, यदि वह शरीर से स्वस्थ एवं समर्थ नहीं हो, तो अपना उपार्जन क्रम नहीं चला सकता। यदि झींक रोकर चलाता भी है, तो उसका काम सुंदर एवं संतोषजनक नहीं हो सकता। अस्वस्थ शरीर वाला व्यक्ति अधिक दिनों तक उपार्जन क्षेत्र में नहीं डट सकता। शीघ्र ही वह या तो रोगी होकर चारपाई पकड़ लेगा अथवा पूर्ण रूप से क्षीण होकर समाप्त हो जाएगा। बहुत से अस्वस्थ व्यक्ति खाते-कमाते देखे जाते हैं, किंतु उनके खाने-कमाने में कोई आनन्द नहीं होता, वे मुर्दों की तरह जीते हैं।

शरीर के माध्यम से ही जीवन और जगत के सौंदर्य एवं आनन्द का लाभ लिया जा सकता है। शरीर में जब भरपूर उछल-कूद व मन में अपार उत्साह होता है, तो यह संसार क्रीड़ा भूमि सा दिखता है तथा स्वर्ग लगने लगता है, किंतु जब शरीर अस्वस्थ, अयोग्य, बलहीन हो जाता है, तो यह संसार नरक तुल्य जान पड़ता है व जीवन भार स्वरूप लगने लगता है। पाश्चात्य विद्वान बीचर ने कहा है "शरीर वीणा है और आनंद संगीत। यह जरूरी है कि यंत्र दुरूस्त रहें।" आनंद का संगीत स्वस्थ शरीर में ही स्पंदित होता है।

परालम्बी व्यक्ति को कोई सुख नहीं

यह भी संभव हो सकता है कि ऐसे अनेक अस्वस्थ व्यक्ति हों, जिनके काम करने वाले नौकर-चाकर हों, पुत्र व पौत्र हों और उनको उपार्जन के लिए किसी प्रकार की चिंता न करनी पड़ती हो, तब भी ऐसे परावलंबी

व्यक्ति जीवन का कोई सुख नहीं पा सकते। परावलंबी, पराश्रित अथवा परमुखापेक्षी व्यक्ति की आत्मा दीन-हीन तथा मलिन रहती है। संतान वाला होकर भी अनाथ और धनवान होकर भिखारी जैसा बना रहता है। जीवन का आधार कहा जाने वाला भोजन अस्वस्थ शरीर वाले व्यक्ति के लिए विष जैसा होता है। वह जो कुछ भी खाता है, अजीर्ण बन जाता है, यों ही पेट के बाहर निकल जाता है अथवा अंदर ही अंदर रूककर सड़ा करता है। बहुत कुछ खाने-पीने को होने पर भी जब अस्वस्थ शरीर दो ग्रास रूचिकर भोजन करने के लिए तरसता है, तब उसकी आत्मा की क्या दशा होती है, इसे तो भुगत-भोगी ही जान सकते हैं।

अन्य सुख तो दूर, अस्वस्थ व्यक्ति निद्रा सुख से भी वंचित रहता है। अस्वस्थ व्यक्ति को अनेक चिंताएँ, पीड़ा तथा वेदनाएँ घेरे रहती हैं। इस कारण उसे रात में नींद नहीं आती। जब सारा संसार मौज से मीठी तथा गहरी नींद सोता तब अस्वस्थ व्यक्ति नींद न आने के कारण आकाश के तारे गिनता रहता है। मुनिश्री तरूण सागर ने बड़ा ही सटीक कहा है-

जिसे सोने के लिए नींद की गोली नहीं खानी पड़ती है और जागने के लिए अलार्म की जरूरत नहीं पड़ती वह दुनिया का सबसे सुखी इंसान है।

काश मैं धनकुबेर होने की अपेक्षा एक साधारण मजदूर होता-हेनरी फोर्ड

अमेरिका के सुप्रसिद्ध धन कुबेर हेनरी फोर्ड जिनकी सम्पत्ति अरबों-खरबों रूपया है ने एक बार कहा था- "धन कुबेर होने पर भी मुझे जीवन में सुख नहीं है। जब मैं अपने लम्बे-चौड़े कारखाने में बेचारे गरीब मजदूरों को रूखा-सूखा और बिना स्वाद का भोजन बड़ी उत्सुकता और प्रसन्नता के साथ खाता हुआ देखता हूँ तो उनसे मुझे ईर्ष्या होती है। तब मेरा जी चाहता है कि काश! मैं धान कुबेर होने की अपेक्षा साधारण मजदूर होता।

मौटे तौर से देखने पर यह बात अतिशयोक्तिपूर्ण प्रतीत होती है कि एक असीम सम्पत्ति का स्वामी जिसके यहाँ सभी प्रकार के ऐशो-आराम के साधन प्रचुर मात्र में मौजूद हैं एक मजदूर के भाग्य पर ईर्ष्या क्यों करता है? क्या वह सचमुच मजदूर की अपेक्षा अधिक अभाव ग्रस्त है? इतना धन होते हुए भी कोई क्यों मजदूर के भाग्य पर ईर्ष्या करते हैं?

विवेकपूर्ण विचार करने से पता चलता है कि केवल मात्र धन ही ऐसी वस्तु नहीं है जिससे मनुष्य सुखी रह सके। बात यह है कि भोज्य पदार्थ उसी को आनन्द दे सकते हैं जिसमें उपभोग की शक्ति हो। उपभोग की शक्ति क्षीण या विनष्ट हो जाने पर भोज्य सम्पदा कुछ भी नहीं दे पाती। जिसकी पाचन शक्ति नष्ट हो गई है, वह दाल-दलिये का पथ्य ही ले सकता है। छत्तीस प्रकार के व्यंजनों से सजा हुआ थाल उसके लिए विष के तुल्य है, उस थाल का आनन्द तो वही उठा सकता है जिसकी पाचन शक्ति तीव्र है। आँखों की ज्योति चले जाने पर अनेक प्रकार के सुरम्य दृश्य, चित्र, खेल-तमाशे आदि दर्शनीय चीजों का कोई मूल्य नहीं। नाक ठीक काम न करती हो तो बढ़िया इत्र और साधारण तेल एक समान हैं। काम सेवन की शक्ति नष्ट हो जाये, नपुंसकता आ घेरे तो रूप यौवन सम्पन्न रमणियाँ उस सुख का रसास्वादन नहीं करा सकतीं।

उपभोग की सामर्थ्य न होने पर भोग्य सामग्री निरर्थक एवं निरूपयोगी हो जाती है। इतना ही नहीं उस सामग्री का होना उल्टा खतरनाक बन जाता है। बीमार आदमी के समीप सुस्वाद भोजनों का जमाव उसके लिए कोई दुर्घटना उपस्थित कर सकता है। इस दृष्टि से हेनरी फोर्ड का कथन सत्य था। उन्होंने पैसा कमाने की धुन में अपने पेट को खराब कर लिया था। एकाध बिस्कुट, छटांक (100 से 150 ग्राम) फलों का रस वे पचा पाते थे। फोर्ड महोदय जब अपनी फैक्टरी के मजदूरों को मोटे घटिया अनाज की रोटियां भर पेट खाते हुए देखते थे तो उन्हें उन मजदूरों के भाग्य पर ईर्ष्या होती थी और कहते थे- "काश! मैं धन कुबेर होने की अपेक्षा एक साधारण मजदूर होता।"

स्वास्थ्य नष्ट होने के बाद विद्या और सम्पत्ति क्या दे पाती सुख?

स्वास्थ्य कमाना और उसकी रक्षा करना, अन्य सभी सम्पत्तियों के उपार्जन और रक्षण से मूल्यवान हैं। कई व्यक्ति विद्वान बनते हैं पर उसे प्राप्त करने में इतनी जल्दबाजी करते हैं कि स्वास्थ्य चौपट हो जाता है। कई व्यक्ति धनी बनते हैं पर उस प्रयास में इतने तल्लीन हो जाते हैं कि शक्तियों के अपव्यय के कारण तन्दुरूस्ती खराब हो जाती है। स्वास्थ्य नष्ट होने के उपरान्त वह विद्या और सम्पत्ति उन्हें कुछ भी सुख नहीं दे पाती,

कमजोरी और बीमारी से वे आये दिन ग्रस्त रहते हैं। तब फोर्ड की भांति वे सोचते हैं कि भोज्य सामग्रियों का संचय करने में हमने उपभोग शक्ति का बलिदान करके बड़ी भारी भूल की। इस भूल का पश्चाताप उन्हें शेष जीवन के दिन रो-रोकर बिताते हुए करना होता है। इसी श्रेणी के व्यक्तियों को लक्ष्य करके कहा जाता है-

का बरखा जब कृषि सुखाने।
समय चूक पुनि का पछिताने।।

बीमारियों की जड़ें मस्तिष्क में

प्रसिद्ध डॉक्टर ओ.एफ. ग्रोवर ने अपने दीर्घकालीन अनुभवों का निचोड़ बताते हुए लिखा है-

स्नायु दौर्बल्य, हृदय रोग, अनिद्रा, अजीर्ण, गठिया, अल्सर, ब्लड प्रेशर जैसे जटिल रोगों की जड़ वस्तुतः उद्विग्न मनःस्थिति से होती है।

डॉ. एनाय हार्वन का कथन है कि लोग जितना ध्यान शारीरिक उपचार पर देते हैं, उतना यदि वे मानसिक अस्वस्थता के निवारण पर दें तो अधिक निरोगी और सुखी रह सकते हैं। मानसिक अस्वस्थता रहने पर शरीर के उपचार के लिए किये प्रयास ज्यादा सफल नहीं हो पाते।

नोबेल पुरस्कार से सम्मानित एलेग्जी के रेल का कहना है कि दुनिया में जितने लोग शारीरिक रोगों से मरते हैं, उससे कहीं अधिक की अकाल मृत्यु मनोविकारों के कारण होती है। बीमारियों के रोकथाम के लिए औषधि, शल्य चिकित्सा, उपचार जैसे प्रयत्नों से ही काम नहीं चलेगा। व्यक्ति को किस प्रकार मनोविकारों से मुक्त रहना चाहिए, यह रहस्य भी उसके गले उतरना चाहिए।

एडवर्ड पोडोलन ने अपनी पुस्तक 'स्टौपनरी एण्ड गेट वेल' में मधुमेह, रक्तचाप, गठिया, उदर विकार, जुकाम जैसे रोगों का मूल कारण मानसिक उद्विग्नता बताया है। उनका कहना है कि एक भला-चंगा शारीरिक स्थिति वाला व्यक्ति मानसिक संतुलन खोने पर इन या ऐसे ही अन्य किसी रोग से पीड़ित होते जा देखा सकता है।

संसार के विद्वान शरीर विज्ञानी अब इस नतीजे पर पहुँचे हैं कि बीमारी की जड़ें शारीरिक हिस्सों में ढूंढ़ते रहने से काम नहीं चलेगा। मस्तिष्कीय

स्थिति के उपचार को प्रमुखता देनी चाहिए। क्योंकि अधिकांश बीमारियाँ पेट से, रक्त से नहीं वरन् मस्तिष्क से उत्पन्न होती हैं। स्पष्ट है कि मस्तिष्क को स्वस्थ, संतुलित और हल्का-फुल्का रखे बिना कोई व्यक्ति अपने शरीर को निरोगी रख सकने में सफल नहीं हो सकता।

जीवन सुखमय हो, आनन्द से बीते, इसके लिए यह आवश्यक है कि स्वास्थ्य सामान्य रहे। यदि खानपान में थोड़ा संयम रखा जाए और जीवन शैली में वांछित परिवर्तन लाया जाए तो अच्छा स्वास्थ्य बनाए रखा जा सकता है। वैज्ञानिक परीक्षणों एवं सर्वेक्षणों से यह बात पूरी तरह सिद्ध हो चुकी है कि संयम, खानपान, परहेज, नियमित शारीरिक श्रम और सादा जीवन शैली, चाहे जिस आयु में प्रारंभ की जाए वह लाभ ही देगी।

06.

दान देने का सुख-करें स्वयं महसूस

> दान और कुछ नहीं, उधार देने की एक वैज्ञानिक पद्धति है। जो कुछ हम दूसरों को देते हैं, यह हमारी रक्षित पूंजी की तरह जमा हो जाता है। आज का दिया दान भविष्य में असंख्य गुना होकर मिलने वाला है। आप किसी की सहायता करते हैं तो आपके भीतर मनोतृप्ति वाले हार्मोन स्त्रवित होने लगते हैं जो आप में सुख का संचार करते हैं।
>
> **-पंडित श्रीराम शर्मा, आचार्य**

दान अर्थात् देना, ईश्वर प्रदत्त क्षमताओं को जागृत, विकसित करना और उससे दूसरों को लाभ पहुंचाना। यही है पुण्य-परमार्थ सेवा। वैसे दान-पुण्य, शब्द एक साथ मिलाकर बोले जाते हैं और इनके प्रतिफल भी समानान्तर होते हैं तो क्या सचमुच में ऐसा होता है। इस प्रकार का प्रत्युत्तर चारों दिशाओं में गूंजते सुना जा सकता है कि 'दो और पाओ' बोओ और काटो, बांटों और झोली को खाली न पाओ।

प्रश्न उठता है क्या देना? किसे देना? क्यों देना? कैसे देना? यहाँ 'देना' से तात्पर्य है हमारे पास भौतिक या अभौतिक जो भी संसाधान हैं उनका व्यक्ति, परिवार, समाज, राष्ट्र व विश्वकल्याण में सुनियोजित व अर्पण। धन-सम्पदा, अन्न, जल, वस्त्र और औषधि आदि से हम दूसरों की सेवा-सहायता कर सकते हैं। हम भौतिक संसाधनों का दान कर किसी जरूरतमंद की सेवा, सहायता कर सकते हैं, उसे खुशियां दे सकते हैं। उसे प्रसन्नता प्रदान कर सकते हैं।

जिस व्यक्ति को जिस समय, जिस वस्तु की आवश्यकता हो, उसे उस समय उसी वस्तु का दान कर, अर्पण कर हम उसकी तत्काल सेवा-सहायता कर सकते हैं। जैसे कोई भूखा हो तो उसे भोजनादि से तृप्त कर सकते हैं। उसे खाद्य पदार्थ अर्पित कर सकते हैं। प्यासे को पानी पिलाकर उसे तृप्त कर सकते हैं। वस्त्रहीन को वस्त्र दान देकर उसे खुशियां दे सकते हैं। रोगी को औषधि व अन्य सेवायें देकर रोगमुक्त होने में उसकी मदद कर सकते हैं। किसी दुर्घटनाग्रस्त या रोगग्रस्त व्यक्ति को रक्तदान देकर उसे नया जीवन दे सकते हैं। किसी गरीब कन्या की शादी में धन अर्पित कर हम उसकी मदद कर सकते हैं। आश्रमों, धर्मशालाओं, अरण्यकों आदि को धन अर्पित कर उनके सफल संचालन में हम सहयोग कर सकते हैं।

दान-परोपकार विज्ञान की कसौटी पर

विज्ञान का भी यह नियम है कि हर क्रिया की विपरीत दिशा में प्रतिक्रिया होती है। अस्तु दान के रूप में हम जो भी खुशियां व आनंद दूसरों को देते हैं, वह आनंद और खुशियां कई गुना अधिक होकर हमें मिल जाती हैं। दान, परोपकार, त्याग आदि से मिलने वाले आध्यात्मिक आनंद के पीछे भी यही कारण है। स्वस्थ, सभ्य व समृद्ध समाज के लिए भी लोगों में दान की वृत्ति का होना आवश्यक है। देने की प्रवृत्ति होने के कारण ही हम सेवा व सहयोग के लिए आगे आ पाते हैं।

संसार में ऐसा कोई व्यक्ति नहीं, जिसके पास देने के लिए कुछ न हो। यदि हमारे पास धन नहीं है तो समय व श्रम तो है। हम इसे भी परहित में अर्पित कर सकते हैं। हम धन, सामग्री या प्रतिभा आदि से ही किसी की सहायता कर सकते हैं-ऐसा बिलकुल भी नहीं है। हम अपनी करूणा व संवेदना से भी दूसरों को निहाल कर सकते हैं। हम करूणा व प्रेम भरी बातों से दूसरों में आशा का संचार कर सकते हैं। उन्हें हताशा व निराशा से निकालकर हम उन्हें नवजीवन, नई दृष्टि दे सकते हैं, उन्हें पवित्र जीवन, आध्यात्मिक जीवन जीने की प्रेरणा दे सकते हैं।

किसी की सेवा, मदद और परोपकार से जो सुख मिलता है। वह गहरा और सच्चा होता है। उससे खुशी ही नहीं मानसिक शांति भी मिलती है, जो कि एक दुर्लभ अहसास है। जिसकी सभी को तलाश रहती है। शायद

इसीलिए परोपकार को धर्म में शामिल किया गया है। दूसरों की कुछ भी मदद करके आपको जो सुख मिलता है वह न कोरा दार्शनिक कथन है न ही नैतिक शिक्षा का कोरा पाठ। इसका अपना विज्ञान भी है। जब आप किसी की सहायता करते हैं तो आपके भीतर मनोतृप्ति वाले हार्मोन स्त्रवित होने लगते हैं। जो आप में सुख का संचार करते हैं।

खुद पर खर्च करने की बजाय दूसरों पर खर्च करने से ज्यादा खुशी मिलती है। यह निष्कर्ष है ब्रिटिश कोलंबिया यूनिवर्सिटी और हार्वर्ड बिजनेस स्कूल के प्रोफेसरों द्वारा किये अध्ययन का। यह स्टडी कनाडा, दक्षिण अफ्रीका और भारत में की गई थी।

आप किसी को कुछ दें या उसका किसी प्रकार उपकार करें तो बदले में किसी प्रकार की आशा न रखें। जो कुछ आप देंगे वह हजार गुना लौटकर आयेगा। परन्तु उसके लौटने की तिथि नहीं गिनना चाहिए। अपने में देने की शक्ति रखिए, देते चलिए। क्योंकि देकर ही फल प्राप्त कर सकेंगे। जो कुछ हम दूसरों को देते हैं, हमारी रक्षित पूंजी की तरह जमा हो जाता है। जो अपनी रोटी दूसरों को बांट कर खाता है उसको किसी बात की कमी नहीं रहती। जो अपनी सम्पत्ति को जोड़-जोड़कर जमा ही करता रहता है उस पाषाण हृदय को क्या मालूम कि दान में कितना सुख है।

ज्यादा दो ज्यादा पाओ

द मॅन्क हू सोल्ड हिज फरारी पुस्तक के लेखक रॉबिन शर्मा का कथन है-

"हमारे जीवन की गुणवत्ता हमारे योगदान की गुणवत्ता पर निर्भर करती है। जो हाथ में गुलाब का फूल देता है, उसमें थोड़ी सी खूशबू तो हमेशा रह जाती है।"

कवि रहिम ने भी लिखा है-

यों रहीम सुख होत है उपकारी के अंग।
बांटन बारे के लगे, ज्यों मेहंदी को रंग।

रॉबिन शर्मा बताते हैं कि संसार का न्यायसंगत 'अकाउंटिंग सिस्टम' कहता है 'द मोर यू गिव, मोर यू विल रिसीव' अर्थात् हम जितना अधिक देंगे, उससे अधिक पायेंगे। जीवन में सुख का रहस्य बताते हुए वे लिखते

हैं कि सुख यात्रा है पड़ाव नहीं और इसका हमारे बैंक बेलेंस और मकान के आकार से कुछ भी लेना देना नहीं है। हमारे विचारों की गुणवत्ता हमारे जीवन की गुणवत्ता तय करती है।

जॉन रॉकफेलर अमेरिका के बहुत बड़े उद्योगपति और दानवीर थे। उन्होंने कहा था, "मैनें इतना पैसा इसलिए कमाया, क्योंकि मुझमें लोगों की मदद करने का जज्बा था। मैनें लोगों को दिया इसलिए मुझे मिला। यदि मैं सही तरह से पैसा दान करना बंद कर दूं तो ईश्वर मुझसे पैसा वापस ले लेंगे।

अतः हमें मूर्धान्य मनीषी जॉन हाल के इस कथन को हमेशा याद रखना चाहिए कि "अपने साधनों के अनुरूप दान करो अन्यथा ईश्वर तुम्हारे दान के अनुरूप तुम्हारे साधन बना देगा।"

Give according to your means or God will make your means according to your giving.

प्रत्येक व्यक्ति को अपने साधनों के अनुरूप दान देते रहना चाहिए। इससे जो आत्मसंतोष और आत्मशांति मिलती है उसे मापा नहीं जा सकता। यह सृष्टि का नियम है कि जो देता है वही पाता है, जो नहीं देता उसे प्राप्त भी नहीं होता।

जो मनुष्य परोपकार की भावना का अपने जीवन में समावेश करता है, वही सही अर्थों में मनुष्य है। सिर्फ अपने लिए जीना स्वयं अपने लिए सोचना स्वयं की आवश्यकताओं की पूर्ति में लीन रहना मनुष्य होना नहीं है। मानव योनि का एक सर्वश्रेष्ठ गुण यह है कि वह लोगों के सुख दु:ख में उनका साथ दे सकता है। दूसरे के दु:खों को दूर करने का एक छोटा-सा प्रयास भी आप के अथाह सुख का कारण बनता है। इसलिए परहित के बारे में सोचना स्वहित से भी कहीं न कहीं जोड़ता है।

देवत्व की प्रवृत्ति का उदय

दान की शुरूआत किसी को कुछ देने से होती है और यह एक बहुत ही सामान्य-सी क्रिया जान पड़ती है, पर यह सामान्य दिखते हुए भी असामान्य है। ऐसा इसलिए क्योंकि दान व्यक्ति में देने की प्रवृत्ति पैदा करता है, दान देते-देते व्यक्ति में देवत्व की प्रवृत्ति पैदा होने लगती है। जिसकी शुरूआत हमने पुण्य पाने या बदले में कुछ पाने की आशा से शुरू की थी, वह

कालांतर में हमारा स्वाभाव बन जाता है। हमारे अंदर जो संकीर्णता थी, स्वार्थपरता थी, वह देने के अभ्यास से धीरे-धीरे दूर होने लगती है, मिटने लगती है और हमारे अंदर देवत्व की अविरल धारा बहने लगती है।

जैसे नदी के बीच में रखी बड़ी-बड़ी चट्टानों के हटते ही नदी में जल का प्रवाह उमड़ पड़ता है-वैसे ही दान देते-देते हमारे अंदर प्रेम का प्रवाह उमड़ पड़ता है, तब हमारे लिए किसी को कुछ देना कोई सामान्य सी क्रिया मात्र नहीं रह जाती, बल्कि देना ही हमारा स्वभाव बन जाता है, देना ही हमारा संस्कार बन जाता है। किसी के आँसू पोंछकर, उसकी आँखों में आई चमक को देखकर, उसके चेहरे पर आई मुस्कान को देखकर ऐसा जान पड़ता है, मानो याचक रूप में साक्षात् नारायण ही मुस्कुरा रहे हों और वे हमारे द्वारा अर्पित दान को साक्षात् प्रकट हो स्वीकार रहे हों। तब हमारा दान देना भी पूर्णतः निष्काम हो जाता है। वास्तव में दान में ऐसी निष्कामता ही तो सर्वव्यापी परमात्मा की सच्ची पूजा है।

छोटी-छोटी खुशियाँ पा लेने से सुखी होता है जीवन-मार्टिन ई.पी.-एथेन्टिक हेप्पीनेस पुस्तक के लेखक

सुख के तीन आयाम हैं-

पहला : सार्थक जीवन,

दूसरा : बेहतर जीवन,

तीसरा : सुखी जीवन।

हम इतिहास से सबक लेकर वर्तमान से खुशी और भविष्य से आशा बटोरना सीख लें तो तीनों पा सकते हैं।

जीवन सुखी होता है जब हम छोटी खुशियों को पा लेते हैं, किंतु सुख तभी पूरा होगा जब दूसरों के लिए कुछ करें।

निष्काम भाव से दिया दान ही सुखदायक

एक प्रसिद्ध संत ने समाज कल्याण के लिए एक मिशन शुरू किया। इस कार्य में उनके शिष्यों ने भी बढ़-चढ़कर हिस्सा लिया और धन के लिए दानियों को खोजना शुरू कर दिया।

एक दिन एक शिष्य कोलकाता के दानवीर सेठ को गुरुजी से मिलवाने ले गया। गुरुजी से मिलकर सेठ ने कहा– 'हे महंत, आपके समाज कल्याण में मैं योगदान देना चाहता हूं। इस कार्य के लिए मैं भवन निर्माण करवाऊँगा। पर मेरी एक मंशा भी है। प्रत्येक कमरे के आगे मैं अपने परिजनों का नाम लिखवाऊँ। इस हेतु मैं दान की राशि एवं नामों की सूचि संग लाया हूं।' इतना कहकर सेठ ने धनराशि गुरुजी के सामने रख दी।

इस पर गुरु, शिष्य को डांटते हुए बोले, 'ये तुम किसे साथ ले आये हो। ये महाशय तो यहाँ अपनों के नाम का कब्रिस्तान बनाना चाहते हैं।' फिर गुरुजी ने अपने शिष्यों को समझाया, 'जब तक निःस्वार्थ भाव से दान नहीं किया जाता, वह स्वीकार्य नहीं होता।' किसी की मदद करके भूल जाना ही दानी की पहचान होती है। जो इस कार्य को उपकार मानता है, असल में वो दानी है ही नहीं।

एक राजा भावना के साथ हर दिन लोगों को दान दिया करता था, पर दान देते समय राजा अपनी नजरें झुका लिया करता था। एक बार एक व्यक्ति ने पूछा– "राजन्! आप दान देते समय अपनी नजरें क्यों झुका लेते हैं?" राजा ने कहा– "जब मैं किसी को दान देता हूं, तो लोग मेरी जय-जयकार करते हैं। शायद उन्हें लगता है कि उन्हें दान मैं दे रहा हूं, पर सच तो यह है कि मेरे पास जो भी है, सब भगवान का ही दिया हुआ है, इसलिए असली दाता तो भगवान ही हैं, मैं नहीं, मैं तो निमित्त मात्र हूं। इसलिए लोगों के मुख से अपनी जय-जयकार सुनकर मुझे शरम आती है, इसलिए मैं नजरें झुका लेता हूं। "वास्तव में यह कितनी उदात्त भावना है। ऐसी भावना के साथ किया गया दान ही सुखदायक सर्वश्रेष्ठ दान है और दाता के लिए सुखदायक है।

07.

परिवार : सुख का पाठ पढ़ाने वाली जिंदगी की पहली पाठशाला

> परिवार सह अस्तित्व, सामूहिक जीवन, सेवा और सहिष्णुता की पाठशाला माना गया है, इसलिए इसे सुख का ठिकाना कहा जाता रहा है। किंतु परस्पर के सम्बन्ध स्वार्थपूर्ण आपूर्ति, संकीण ता, असहिष्णुता से भर जाते हैं तो परिवार नरक की साक्षात् अभिव्यक्ति के रूप में परिणत हो जाते हैं।
>
> **-वी. के. शिवानी, ब्रह्मकुमारी**

परिवार जिंदगी की प्रथम पाठशाला है। एक ऐसी पाठशाला जहाँ आदमी जन्म से मौत तक के आगोश तक कुछ न कुछ सीखता है। ज्ञान की पाठशालाएँ तो एक सीख के बाद रूक जाती है लेकिन जिंदगी की पाठशाला सतत चलती रहती है। जहाँ परवाह है, वहाँ परिवार है और जहाँ परिवार है, वहाँ हरिद्वार है।

दरअसल परिवार वह कुम्हार है जिसके हाथों से ढलकर इंसान सही मायने में इंसान होता है और यही वो पाठशाला है जहाँ अपनों और परायों का ज्ञान होता है।

हमारी संस्कृति ने हमें सिखाया है। आधी-साधी रोटी बांटकर खाना। तभी तो कहते हैं-साझा सुख, सबका सुख। यही साझा सुख सबसे अधिक संतोष प्रदान करता है। सुख-दु:ख में साथ निभाना, हारी-बीमारी में तीमारदारी करना। यह साथ ही तो संयुक्त परिवार की प्राणवायु है। जिसमें प्रेम, अपनत्व, सहयोग, सहायता, साझेदारी और सामूहिकता समाहित है।

किसी ने ठीक ही कहा है–
परिवार नाम है सुख दु:ख की कहानी का
परिवार राज है सदा मुस्कराने का।
ये कोई पल भर की पहचान नहीं
परिवार नाम है उम्र भर साथ निभाने का।

सुख की कुंजी हमारे हाथों में

प्रसन्नता की वास्तविक कुंजी हमारे हाथों में है बस जरूरत है उसे जानने की। हार्वर्ड युनिवर्सिटी में हुए एक शोध में यह बात कही गई है कि अधिक समय तक स्वस्थ और प्रसन्न रहने के लिए रिश्तों की मजबूती सबसे बड़ी भूमिका निभाती है। इसमें परिवारजन, दोस्त और जीवन साथी के साथ सम्बन्ध महत्वपूर्ण होते हैं।

इस शोध में पूरे 75 साल तक हार्वर्ड युनिवर्सिटी में काम चला है और जो बात निकलकर आई वह यह कि मजबूत रिश्ते ही जीवन की खुशहाली या प्रसन्नता का राज है।

परिवार से जुड़ाव व्यक्ति को न केवल स्वस्थ बनाता है बल्कि उसी में उसकी सुखी और खुशहाल जिंदगी छिपी रहती है। शोध में यह भी पाया गया कि जो लोग मजबूत सम्बन्धों से बंधे रहते हैं उन्हें मानसिक अवसाद जैसी बीमारी नहीं होती। इसीलिए रिश्तों को हमेशा ही सहेजने की कोशिश कीजिये। मजबूत रिश्ते लम्बे और प्रसन्नता दायक और सुखी जीवन का भी राज होते हैं।

मनोवैज्ञानिकों का कहना है कि आज की बदलती जीवनशैली और प्रतिस्पर्धा के दौर में तनाव तथा अन्य मानसिक समस्याओं से निपटने में परिवार का साथ महत्त्वपूर्ण भूमिका निभाता है। अपनों से मिलकर हम एक–दूसरे से मन की बात कह सकते हैं। बड़ी से बड़ी समस्याओं का समाधान भी आसानी से निकल जाता है। दु:ख और मुसीबत के समय अपनों का पास होना ही सबसे बड़ा सहारा होता है और यही सहारा हमें विपरीत परिस्थितियों से लड़ने का साहस देता है और हमे दु:ख एवं परेशानियों से आसानी से बाहर भी निकल जाते हैं।

बड़े अनमोल हैं ये खून के रिश्ते

घर जिसमें परिवार रहता है को यदि हम वाटिका मान लें तो उसमें प्रेम और स्नेह को पुष्प मानकर चलना पड़ेगा, क्योंकि घर के प्राण तो प्रेम में ही बसे रहते हैं। यह प्रेम ही है जो पति को पत्नी से, सास को बहू से, भाई को भाई से एवं सभी सदस्यों को खुशी-खुशी एक दूसरे से बांधे रखता है। प्रेम भाव की सबसे बड़ी विशेषता यह है कि वह अपनी हानि मंजूर करके दूसरों को लाभान्वित करने के लिए आगे बढ़ता जाता है। प्रेम में बदले की भावना नहीं होती है। मतलब यह है कि परिवार में यदि निश्छल प्रेमियों का जमावड़ा है तो यह त्याग और बलिदान के लिए हर समय तैयार रहेगा। प्रेम की डोरी में बंधकर ही कठिनाई के समय एक-दूसरे से सुख प्राप्त कर सकता है अन्यथा नहीं। प्रेम की इस भावना में डूबकर पिता पुत्र के लिए, भाई बहन के लिए, माँ बेटी के लिए सब कुछ त्याग देते हैं। स्वयं कष्ट उठाकर भी माँ अपनी संतान के सुख की माला जपती रहती है।

परिवारिक रिश्ते के बारे में किसी ने लिखा है-

बड़े-अनमोल हैं ये खून के रिश्ते,
इनको तू बेकार न कर।
मेरा हिस्सा भी तू ले मेरे भाई
घर आंगन में दीवार खड़ी न कर।

आप अपने घर की कीमती सामान से कितनी भी सजावट क्यों न कर लें, किंतु वह सजावट तब तक सुखप्रद न बनेगी। जब तक आप अपने घर को प्रेम, विनय, त्याग और सहनशीलता के गुलदस्तों से न सजा दें।

परिवार को कभी नजर अंदाज न करें-जेमी डायमन

अमेरिका के सबसे बड़े बैंक के सीईओ जेमी डायमन ने एक इंटरव्यू में कहा था कि परिवार को महत्त्व दिए बगैर जिन्दगी ग्रेट नहीं बन सकती। मेरी खुशहाल, सफल और सुखी जिंदगी का सीक्रेट परिवार को प्राथमिकता देना है। परिवार के बिना अच्छे-बुरे समय में उसके सपोर्ट के बिना कोई बड़ा कार्य नहीं किया जा सकता।

बैंकिग क्षेत्र में मेरी रूचि अपने दादाजी और पिताजी के कारण हुई। वे दोनों स्टॉक ब्रोकर थे। वे पूरी तरह मेरा मार्गदर्शन करते थे। यही कारण है

कि मैं हर कार्य बेहतर ढंग से कर पाता हूं। मैं अपने मित्रों और साथियों को यही सलाह देता हूं कि सुख से जीवन जीना है तो कभी भी परिवार को नजर अंदाज न करें।

खुशमय जीवन के लिए परिवार का सहारा चाहिए-स्टीव जाब्स

(एप्पल कम्पनी के संस्थापक स्टीव जाब्स की मृत्यु के पूर्व की गई एक मार्मिक अपील)

एक समय था जब मैं व्यवसाय जगत की ऊँचाइयों को छू चुका था, लोगों की नजर में मेरी जिंदगी सफलता का एक बड़ा नमूना बन चुकी थी। लेकिन आज खुद को बेहद बीमार और इस बिस्तर पर पड़ा हुआ देखकर मैं कुछ अजीब महसूस कर रहा हूँ।

पूरी जिन्दगी मैंने कड़ी मेहनत की लेकिन खुद को खुश रखने के लिये या खुद के लिए समय निकालना आवश्यक नहीं समझा।

जब मुझे कामयाबी मिली तो मुझे बेहद गर्व का अनुभव हुआ, लेकिन आज मौत के इतने करीब पहुँचकर वह सारी उपलब्धियां फीकी लग रही हैं।

आज इस अंधेरे कमरे में, इन मशीनों से घिरा हुआ हूं।

मैं मृत्यु के देवता को अपने बहुत निकट महसूस कर सकता हूं। आज मेरे मन में एक ही बात आ रही है कि इंसान को जब यह लगने लगे कि उसने अपने भविष्य के लिए पर्याप्त कमाई करली है तो उसे अपने खुद के लिए समय निकाल लेना चाहिए और पैसा कमाने की चाहत न रखते हुए खुद की खुशी के लिए जीना शुरू कर देना चाहिए। बचपन का कोई अधूरा शौक, जवानी की कोई इच्छा या फिर कुछ भी ऐसा जो दिल को तसल्ली दे सके।

किसी ऐसे के साथ समय बिताना चाहिए जिसे आप खुशी दे सकें और बदले में उससे भी वही प्राप्त कर सकें क्योंकि जो पैसा सारी जिंदगी में कमाया है उसे मैं साथ लेकर नहीं जा सकता।

यदि मैं कुछ लेकर जा सकता हूं तो वे हैं यादें, ये यादें ही तो हमारी 'अमीर' होती हैं, जिनके सहारे हम सुकून की मौत पा सकते हैं। क्योंकि ये यादें और उनसे जुड़ा प्यार ही एक मात्र ऐसी चीज है जो मीलों की यात्रा

कर आपके साथ आ सकती है। आप जहाँ चाहे इसे ले जा सकते हैं। जितनी ऊँचाई पर चाहें आपका साथ दे सकती हैं, क्योंकि इन पर केवल आपका अधिकार है।

जीवन के इस मोड़ पर मैं बहुत कुछ महसूस कर सकता हूं। जीवन में अगर कोई सबसे महंगी वस्तु है तो वो शायद मृत्यु शैया ही है क्योंकि आप पैसा फेंककर किसी को अपनी कार का ड्राइवर बना सकते हो जितनी मर्जी हो नौकर-चाकर अपनी सेवा के लिए लगा सकते हो। लेकिन इस 'डेथ बेड' पर आने के बाद कोई दिल से आपको प्यार करे, आपकी सेवा करे, यह चीज आप पैसे से नहीं खरीद सकते। आज मैं यह कह सकता हूं कि हम जीवन के किसी मोड़ पर क्यों न हों, उसे अंत तक खुशमय बनाने के लिए हमें अपने परिवार का सहारा चाहिए। पैसा हमें सब कुछ नहीं दे सकता।

आप सबसे मेरा निवेदन है, कि अपने परिवार से प्यार करें, उनके साथ समय बिताएं इस बेशकीमती खजाने को बर्बाद न होने दें। खुद से भी प्यार करें।-स्टीव जाब्स

स्वर्ग और नर्क का ठिकाना 'घर'

एक संत से किसी ने पूछा-सुख कहां है? संत ने उत्तर दिया-जिस घर के लोग परस्पर प्रेम से रहते हों, एक-दूसरे का सहयोग करते हों, किसी के बाहर जाने पर लौटने तक की बाट जोहते हों, किसी की अच्छाइयों में उसकी प्रशंसा करते हों, जरूरत पड़ने पर सब एक साथ खड़े हो जाते हों और कभी एक-दूसरे को अकेला महसूस न करने देते हों, एक-दूसरे के लिए सबके सुख-दुःख में प्रिय सम्भाषण होता हो, तो समझ लीजिए सुख का ठिकाना वहीं है।

प्रश्नकर्ता ने दूसरा प्रश्न किया-नरक की क्या पहचान है? उन्होंने कहा-जिस घर के लोग आपस में लड़ते हों, एक-दूसरे से घृणा करते हों, एक-दूसरे की काट करने की कोशिश करते हों, एक-दूसरे को नीचा दिखाने का प्रयास करते हों, एक-दूसरे को अपमानित, तिरस्कृत करते हों और प्रताड़ित करने में पीछे न हटते हों और हमेशा एक-दूसरे के साथ कटुतापूर्ण वचनों का प्रयोग करते हों, तो समझ लेना वही नरक है।

सुख का वट वृक्ष

ब्रह्मा सृष्टि रचते हैं, माता-पिता परिवार। वे सिर्फ जन्म ही नहीं देते, पालते, बढ़ाते-पढ़ाते और संस्कार भी सिखाते हैं। किताबी बातें ही नहीं, दुनियादारी का ज्ञान भी देते हैं। सीख देते हैं कि खुशियों को एक पीढ़ी से दूसरी पीढ़ी तक ले जाओ। संस्कारों का यही बीज जटिलताओं से जूझते हुए ज्ञान और सुख का वटवृक्ष तैयार करता है, फिर ये विसंगति क्यों है? कि जैसे मृग अपनी नाभि के कुंडल में बसी कस्तूरी भूलकर डगर-डगर भटकता है, हम अपने परिवारों और रिश्तों का सुख छोड़कर चकाचौंध के पीछे भाग रहे हैं। क्या हमने कुलाचें मारना छोड़ पल भर ठहरकर ये सोचा है कि जिन्होंने हमें बाहरी परिवेश में सैर करने योग्य बनाया उन्हें हम किस कदर उपेक्षा के अंधेरे में धकेल आए हैं?

आज परिवार के सभी सदस्यों को कलह, लड़ाई-झगड़े, मन-मुटाव, परस्पर आरोप-प्रत्यारोप, दोषारोपण, मतभेद आदि की विष-बेल ने जकड़ लिया है। जिससे हमारे पारिवारिक जीवन की सुख-समृद्धि, उन्नति प्रगति का मार्ग अवरूद्ध हो गया है। गृहस्थ जीवन की इस दुर्दशा ने व्यक्ति की शक्तियों को नष्टकर उसे पंगु बना दिया है। जीवित रहते हुए भी वह गृह कलह के विष-दंश से पीड़ित होकर निर्जीव-सा बनता जा रहा है। निराशा, उदासी, मानसिक घुटन में रहकर वह कैसे सुखी रह सकता है?

घनिष्ठता-आत्मीयता को निरन्तर विकसित करने वाली पारिवारिक भावना ही उन उपलब्धियों का सुख एवं आनन्द दे सकती है, जो परिवार व्यवस्था को मिलते रहे हैं। परंतु इन दिनों खत्म हो चले हैं। उस भावना के बिना सामूहिक निवास से परिवार की सुवास नहीं आ सकती, द्वेष, दुर्भाव की दुर्गंध ही फैलेगी। स्वर्ग सुख की पुनः अनुभूति के लिए स्नेह सत्कार, उदारता, कृतज्ञता, दायित्वों की आत्मीयता, सद्‌भाव पर आधारित परिवार भावना ही अपनानी होगी तभी परिवार सुख का ठिकाना बन सकते हैं।

08.

सुख के बारे में मनीषियों के विचार

> हर दुःखी आदमी सिर्फ अपनी गलती से दुःखी है, जिसे जीवन जीने की अक्ल नहीं है, वही दुःखी है।
>
> **- प्राचीन रोमन दार्शनिक सिनेका**

सुख की कोई परिभाषा नहीं है। सुख कोई भौतिक वस्तु भी नहीं है। जिसे खरीद लिया जाए, न ही यह कोई समय पश्चात निश्चित रूप से प्राप्त होने वाली सीमा में बांधा जा सकता, न ही कोई यह मिश्रण संयोगिक ही है कि अमुक पदार्थ को एक निश्चित मात्रा में मिलाया जाए तो इतनी मात्रा में सुख बन जाएगा। फिर भी सुख को अपने-अपने विचार से लोगों ने परिभाषित करने का प्रयास किया है। सुख के बारे में कुछ मनीषियों के विचार प्रस्तुत हैं-

दुःख के महारोग की महौषधि अनासक्ति - स्व. आर. सी. लाहोटी, पूर्व मुख्य न्यायाधीश भारत

पृथ्वी पर मनुष्य ईश्वर की सर्वोत्तम कृति हैं। इसलिए ईश्वर द्वारा प्रदत्त यह जीवन बहुत ही सुन्दर और मूल्यवान है। लेकिन कुछेक लोग ही इस जीवन में आशा उत्साह के उमंग और अलंकरण की ऊर्जा के सहारे सुख से जीते हैं, जबकि अधिकांश लोग मन की हीन भावनाओं के वशीभूत होकर छोटी-छोटी उलझनों और पेचीदगियों के कारण अपना जीवन बोझिल और दुःखी बना लेते हैं। इस दशा में व्यक्ति तनावग्रस्त और मनोविकार का शिकार हो जाता है। दुःख भोगना अपनी नियति मान लेता है।

भगवत गीता मानव जीवन के इस दुःख रूपी महायोग की महौषधि

प्रदान करता है। श्रीमद्‌भगवत गीता के अन्दर सारे दु:खों की मूल आसक्ति को बताया गया है। आसक्ति वह चाहे कर्मफल से हो, व्यक्ति में या वस्तु में हो, हमेशा दु:ख का मूल रही है। इसी आसक्ति से अंहकार का जन्म होता है और इसी आसक्ति से दूसरों से अपेक्षा का जन्म होता है।

यदि हम दु:ख से बचना चाहते हैं तो आसक्ति से बचें तनाव स्वयं दूर हो जायेगा चित्त की स्थिरता स्वमेव प्राप्त हो जाएगी और जीवन स्वमेव सुखी हो जायेगा।

चाणक्य नीति में बताया गया है कि अपने देश में परिवार के साथ कर्ज के भार बिना, अच्छे स्वस्थ लोगों के बीच पर्याप्त आय अर्जित करते हुए बिना किसी दबाव के रह रहा है वह व्यक्ति सुखी है। देश-परिवार, ऋणमुक्त स्वस्थ अच्छी संगति में और अपने दम पर जीना यह सुख के मानक बताए गए हैं। एक-एक की अलग विवेचना करें, तो स्पष्ट हो सकेगा कि इन सभी में संतोष गले-गले तक भरा है। स्वास्थ्य का ध्यान रखने वाला जरूरत से ज्यादा नहीं खाएगा, निर्भीक व्यक्ति न कहने का मद्‌दा रखेगा, अपने देश में, परिवार के साथ रहने वाला दूसरों की चिंता का अर्थ समझेगा और जिसके सिर पर कर्ज की देनदारी न हो, चैन की नींद तो उसे ही आएगी। बड़े सीधे मार्ग है। सुख के जो आज भी प्रासंगिक हैं और अधिकांश के सूत्र मनुष्य के स्वयं के हाथ में ही हैं।

सुख-दु:ख के सम्बन्ध में कवि रहीम ने बड़ी ही व्यावहारिक बात कही है, जब तक इस जगत में जीवन है सुख-दु:ख प्रकट रूप में मिलते रहते हैं। जैसे चौसर की गोट पर मारने से दोनों सिरों पर चोट लगती है। उन्हीं के शब्दों में-

जब लगि जीवन जगत में, सुख दु:ख मिलन अगोट।
रहिमन फूटे गोट ज्यों, परत दुहुंत सिर चोट।।

अर्थात् जीवन के रहते जीवन में सुख भी आते हैं और दु:ख भी। यदि सुख ही सुख रहेगा तो उस सुख का भी महत्त्व नहीं रहेगा। दु:ख से सुख का पता चलता है। इसलिए दु:ख से दु:खी नहीं होना चाहिए।

संतोष का अमृतपान कर, पाएँ सुख का ठिकाना - डॉ. बालकृष्ण शर्मा, पूर्व कुलपति, विक्रम विश्वविद्यालय, उज्जैन

सुख, एक ऐसा अनुभव है, जिसे प्राप्त करने के लिए न केवल मानव, अपितु प्रत्येक प्राणी सदा प्रयत्नशील रहता है। सुख का विरोधी अनुभव दुःख है, जिससे हर कोई दूर रहना चाहता है।

मन के अनुकूल अनुभव सुख और मन के प्रतिकूल अनुभव दुःख है। ये दोनों द्वन्द्वात्मक भाव हैं और व्यक्ति-सापेक्ष भी। इन्द्रि का एक नाम 'रब' है और पाँच विषयों- शब्द, स्पर्श, रूप, रस और गन्ध का ज्ञान कराने वाली पाँच इन्द्रियाँ हैं- कान, त्वचा, आँख, जीभ और नाक। जिसे सुनना अनुभव देता है वह सुख अर्थात् उस इन्द्रि के अनुकुल अनुभव है। दुःख इसके ठीक विपरीत है। मन से जुड़कर ही ये ज्ञानेन्द्रियाँ सुख-दुःख का भी यथार्थ अनुभव नहीं करतीं। यह भी महत्त्वपूर्ण तथ्य है कि एक ही अनुभव दो अलग-अलग व्यक्तियों को सुखद और दुःखद प्रतीत होता है। किसी को शास्त्रीय संगीत अच्छा लगता है तो किसी को तेज ध्वनि वाला पाश्चात्य संगीत पसन्द है। किसी को सर्दी का तो किसी को गरमी का मौसम रूचिकर लगता है। यह तो अलग-अलग व्यक्तियों की बात हुई। यहाँ तक कि एक ही व्यक्ति अलग परिस्थिति में समान वस्तु से कभी सुख तो कभी दुःख का अनुभव करता है। वह व्यक्ति जो हमेशा ठंडी हवा में रहना चाहता है, बुखार आ जाने पर कम्बल ओढ़ने में सुख पाने लगता है। तात्पर्य यह कि मन को अच्छा लगने वाला इन्द्रियों (ज्ञानेन्द्रियों) को रूचिकर लगने वाला अनुकुल अनुभव सुख है।

दार्शनिक स्तर पर जाग्रत स्वप्न और सुषुप्ति की अवस्थाओं में सुषुप्ति अर्थात् गहरी नींद सोना, सुखात्मक अनुभव है। जब कोई व्यक्ति कहता है- मैं सुखपूर्वक सोया, मुझे कुछ भी अनुभव नहीं हो रहा, तो वह सुखात्मक तृतीय अवस्था है। इससे आगे चौथी अवस्था है, जो ब्रह्मानन्द है।

सुख को अन्य दृष्टियों से भी परिभाषित किया गया है। सर्व परवशं दुःखं सर्वमात्मवशं सुखं अर्थात् जो भी कार्य करने में हम दूसरों पर आश्रित हैं, वह दुःख और जो अपने अधीन है, वह सुख है। श्रीमद्‌भगवत गीता में कहा गया है, शान्तिरशान्तस्य कुतः सुखम् तात्पर्य यह है कि शान्तिरहित पुरूष को सुख कहाँ ?

ज्ञानी जनों ने सन्तोष को परम या श्रेष्ठ सुख कहा है।

सन्तोषामृततृप्तानां यत्सुखं शान्तचेतसाम्।
कुतस्तद् धनलुब्धानामितश्चेतश्च धावताम्।।

अर्थात्, वे लोग जो सन्तोष रूपी अमृत का पान करके तृप्त हो चुके हैं, जिस सुख का अनुभव करते हैं, वह धन प्राप्ति के लाभ में यहाँ-वहाँ भटकने वालों को कैसे मिल सकता है?

सुख-दु:ख मन के उलझाव - डॉ. द्वारका बाहेती, भायंदर चिकित्सक एवं बेस्ट सेलर बुक - अपने हेल्थ गुरु स्वयं बने के लेखक

सुख का अर्थ होता है जो पदार्थ या परिस्थितियाँ इंद्रियों को अनुकूल लगें, और दु:ख का अर्थ होता है जो पदार्थ या परिस्थितियाँ इंद्रियों को प्रतिकूल लगें। इसीलिए जीव सुख अर्थात् रूचिकर वस्तुओं को प्राप्त करने और दु:ख अर्थात् अरूचिकर वस्तुओं की कल्पना को त्यागने के लिए ही सदैव क्रियाएँ करता रहता है। जबकि सुख-दु:ख तो एक ही सिक्के के दो पहलू होते हैं, अत: किसी एक को दूसरे से अलग नहीं किया जा सकता। सुख-दु:ख तो सिर्फ हमारे मन के उलझाव भर होते हैं। ये तो मनुष्य के मन की वह क्षमता है जो बुद्धि से मिलकर, अपने चारों ओर एक स्वप्न-जगत् निर्मित कर लेता है और फिर वह उसे ही सत्य समझकर उसी में जीता है, मरता है, सुखी होता है, दु:खी होता है।

सुख तो एक ऐसी मृग मरीचिका है, जिसे पाने के लिए हम सदा भटकते ही रहते हैं, क्योंकि यह तो सदा ही एक असंतोष होता है। असंतोष अर्थात् जो मेरे पास है, उसमें मुझे रस नहीं है किन्तु जो मेरे पास नहीं है परन्तु दूसरे के पास है उसमें मुझे रस है। सुख यानी किसी और चीज की चाह जो हमें कहीं बाहर से मिले, जैसे धन की चाह, यश की चाह आदि। सुख सदैव ही भविष्य की ओर मुँह किये खड़ा रहता है, इसीलिए वर्तमान से चूक जाता है और जो कुछ भी है वह वर्तमान में इसी पल इसी क्षण ही है। इसी कारण असन्तोषी सारे सुख-वैभव होने के बाद भी दु:खी ही रहता है और वह एक भिखारी से ज्यादा कुछ नहीं हो पाता। ऐसा भिखारी जो माँगता ही चला जाता है, बाहर की यात्रा पर ही भटकता रहता है, भीतर तो वही जाता है जो संतोषी है, जो माँगना बंद कर देता है। क्योंकि सदा रहने वाला आत्मीय सुख अर्थात् आनन्द तो कस्तूरी सा सदैव ही हमारे अन्दर

ही होता है। जिसके लिए हमें अपने सहज स्वाभाविक अर्थात् ऐसे कर्म जो स्वतः अंतःकरण से स्फुरित आत्मा के स्वभाव के हो, करना चाहिए। ऐसे कर्म हमें आत्मा से समता प्रदान करते हैं, अतः रूचिकर व आनन्दमयी होते हैं। जबकि मन से स्फुरित कर्म सदा ही किसी कामना को लेकर शुरु होते हैं, जिसकी दृष्टि सिर्फ परिणाम पर टिकी होती है। ऐसे कर्म हमें आत्मा से विषमता पैदा कराते हैं, अतः ये अरुचिकर व दुःखदायी होते हैं।

किन्तु आज हम ऐसा आत्मा से समता भाव, ऐसा सदा रहने वाला आत्मीय-सुख, ऐसा अखण्ड आनन्द, भौतिक, दृश्य-जगत् में ढूंढने की कोशिश कर रहे हैं। लेकिन वह हमें कहीं भी नहीं मिल पा रहा है, बस हम योंही इधर-उधर भटकते फिर रहे हैं। क्योंकि वह तो वास्तव में हमारे अन्दर, हमारा आत्म-स्वरूप ही हैं। बस उसे हम भूल बैठे हैं, खो बैठे हैं। हम उसे सिर्फ योग-साधना द्वारा स्वयं के अन्दर जाकर ही खोज सकते हैं। जिसे योग-साधना में बतलाई गई आत्म-विश्लेषण की प्रक्रिया से गुजर कर या श्रद्धा से किसी सद्‌गुरु की शरण में समर्पित होकर ही जाना जा सकता है। जिसे जानना ही हर मानव का धर्म है तथा यही सदा रहने वाले आत्मीय-सुख का एकमात्र ठिकाना है।

सुख स्वयं के अन्दर ही ढूंढे : रमेशचन्द्र माहेश्वरी, मोटीवेशन स्पीकर, डीन एकेडेमिक, आईईएस यूनिवर्सिटी, भोपाल

सुख जिसे आप खोज रहे हैं वह क्या हैं? उसकी सच्चाई जानना आवश्यक है। उसे जानिए, पहचानिए, उसके साथ थोड़ा समय बिताइए उसके पीछे भागना छोड़ें अपने अन्दर झांककर देखिए सब कुछ स्पष्ट हो जायेगा।

सुख को न समझ पाने के कारण व्यक्ति आराम, ऐश्वर्य, विलासिता, धन-दौलत को सुख समझने लगता है। संग्रह की प्रवृत्ति, अपेक्षा, उपेक्षा से सुख के स्थान पर दुःख में वृद्धि होती है। सच्चा सुख भौतिक न होकर आत्मिक होता है। इस सुख की किसी भी भौतिकता के साधनों से तुलना नहीं की जा सकती है। यह अतुल्यनीय है, अप्रितम, अद्‌भूत एवं अकल्पनीय होता है। जब सच्चे सुख की प्राप्ति होती है व्यक्ति को भौतिक सुखों का लालच नहीं रह जाता।

जीवनयापन करने के लिए साधन आवश्यक हैं, लेकिन आत्मिक सुख प्राप्त करने के लिए संस्कार, गुरु-कृपा, माता, पिता का आशीर्वाद एवं स्वयं

पर अनुशासन आवश्यक है। छद्म सुख क्षणिक है, आत्मिक सुख शाश्वत, मन को शांत रखने वाला होता है। भौतिक सुख प्राप्त करने के लिए व्यक्ति को प्रयत्न करने पड़ते हैं, आत्मिक सुख स्वयं के अंदर ही ढूंढना पड़ता है। हम अपने कर्त्तव्यों का निर्वहन करते हुए, परिजनों के साथ स्नेह से सामंजस्य बनाते हुए श्रेष्ठतम व्यवहार कर आत्मिक सुख प्राप्त कर सकते हैं। हमारी संस्कृति अत्यन्त प्राचीन और ऋषि महात्माओं द्वारा पोषित रही है और उनके प्रशस्त मार्ग पर चलकर हम दु:ख से बच सकते हैं।

श्रीमद्भगवत गीता में भी दु:खों के हेतु और उनकी निवृत्ति के उपाय बताए गए हैं। पंचम अध्याय में भगवान श्रीकृष्ण कहते हैं कि इन्द्रियों और विषयों के संयोग से उत्पन्न होने वाले सांसारिक भोग दु:ख के कारण हैं यद्यपि वे सुख देने वाले प्रतीत होते हैं। यही काम, क्रोध, लोभ, ईर्ष्या आदि विकारों को जन्म देते हैं। अत: कर्म और कमर्फल में आसक्ति दु:ख का कारण बनती है। इसलिए उन्होंने अर्जुन के माध्यम से सभी को निष्काम कर्मयोग का उपदेश दिया। यह दु:खों से निवृति का एकमात्र उपाय है।

क्यों ढूंढ रहे हो इधर-उधर? मदन मोहन घोंटू, ख्यातिनाम व्यंग्यकार, गाजियाबाद

क्यों ढूंढ रहे हो इधर उधर सुख तो तुम्हारे अन्दर है।
झांको अपने अंतरतर में, खुशियों भरा समंदर है।
तुम को जीवन के जीने का बस दृष्टिकोण बदलना है।
निज सोच सकारात्मक रखना, सुख के रास्ते पर चलना है।
वो लोग दु:खी हो जाते हैं। सुख की तलाश में भटक-भटक
जब लोग मोह के नालें में जाती है उनकी नाक अटक।
लोगों की अच्छाई देखों उनमें कमियाँ तुम ढूंढों मत,
यदि जीभर प्यार लुटाओगे, दूगना आएगा तुम्हें पलट।
बिखरे हैं मानसरोवर में सुख के मोती, दु:ख के कंकर,
बनकर के तुमने राजहंस चुंगना होगा मोती सुख के।
इस जीवन की सुख ही सुख का झरना का झर रहा निरन्तर है।
क्यों ढूंढ रहे हो इधर-उधर, सुख तो तुम्हारे अन्दर है।

09.

सुख के मार्ग का बड़ा रोड़ा असंतोष

> लक्ष्मी का भंडार पृथ्वी की वसुधा और कुबेर का कोष क्यों न दे दिया जाए, किंतु असंतोष का रोगी तब भी संतुष्ट न होगा। तब भी उसे अभाव और आवश्यकता अनुभव होती रहेगी। ऐसा कि वितृष्णा वाला व्यक्ति सम्पन्नता में भी विपन्नता का दुःख भोगने पर मजबूर रहता है।
>
> **–महाभारत**

संतोष संसार में सबसे बड़ा धन है। अंग्रेजी में कहा जाता है, contentment is the greatest wealth किंतु इसी शब्द के आगे 'अ' लग जाने के कारण से पूरे भावों में परिवर्तन हो जाता है और असंतोष जीवन का सबसे बड़ा अभिशाप बन जाता है। सब कुछ होते हुए भी यदि मनुष्य के मन में असंतोष की वृत्ति का उदय हो जाता है तो उसका सारा सुख समाप्त हो जाता है।

संतोषी सदा सुखी होता है। थोड़ा हो, किंतु संतोष हो तो सुख प्राप्त होता है। रूखा-सूखा हो, किंतु उतने में ही संतोष हो जाए तो वह अमृत तुल्य माना जा सकता है। संभवतः इसीलिए किसी कवि ने अपने चिंतन के किन्हीं क्षणों में यह रहस्य निकाला था और हम संसारियों को संकेत किया था।

रूखी सुखी खाय के ठंडा पानी पी,
देखी विरानी चूपड़ी मत ललचावे जी।

संतोष का अर्थ सब कुछ त्याग देना नहीं, यह हर किसी के लिए संभव भी नहीं। आखिर जीवन यापन के लिए अनेक वस्तुओं की आवश्यकता होती है। वास्तव में संतोष मन की अवस्था है, जिसमें व्यक्ति संसार में रहते हुए

भी उसके मायाजाल में फंसता नहीं। सारे बंधनों के बीच वैसे ही रहता है जैसे कीचड़ के बीच कमल रहता है। संतोषी व्यक्ति सांस की तरह सहज और फूल की तरह हल्का होता है, तभी वह सुख का आनन्द लेता है जो मानव जीवन के लिए अपेक्षित है।

मृगतृष्णा की तरह जी रहा मनुष्य

ग्रीष्म की भीषण तपन में वायु की लहरें जब अधिक घनत्व के कारण धरती के समानान्तर बहने लगती हैं तो दूर से देखने वालों को जल होने का भ्रम पैदा हो जाता है। इस भ्रम में प्यासा मृग प्यास बुझाने की इच्छा से उसकी ओर उसे ढूंढता भागता हुआ अपनी प्यास को और अधिक बढ़ा लेता है पर प्यास नहीं बुझती। अंततः हांफते हुए प्राण त्याग देता है। इसी को मृगतृष्णा कहते हैं। भारतीय दर्शन में जीव की सांसारिक इच्छाओं को मृगतृष्णा के समान बताया गया है।

'महाभारत' में भी कहा गया है जैसे घी डालने पर अग्नि और अधिक प्रज्वलित होती है उसी प्रकार इच्छाएँ सुरसा के मुख के समान और अधिक बढ़ती हैं। मनुष्य की स्थिति यही है। वह मृगतृष्णा में जी रहा है। इच्छापूर्ति में वह इच्छाओं को बढ़ाता चलाता जाता है, पर वे कभी शांत नहीं होतीं। इसी प्रवृत्ति के कारण उसे जीवन में कभी सुख-शांति नहीं मिलती और उस हताश-निराश मृग के समान धरती से विदा ले लेता है।

मनुष्य बूढ़ा हो जाता है, उसके बाल सफेद हो जाते हैं, दांत झड़ जाते हैं। अंग दुर्बल हो जाते हैं, पर उसके अन्दर की तृष्णा न कभी बूढ़ी होती है और न दुर्बल। अतः तृष्णा को त्यागने से और संतोष को ग्रहण करके ही मनुष्य सुखी रह सकता है।

असंतुष्टि की आग

धन-वैभव, मान-सम्मान से परिपूर्ण जीवन वास्तविक सुख की अनुभूति कराए, यह आवश्यक नहीं है। दरअसल जब तक अंतर्मन में लालसा है, और अधिक और अधिक का भाव है तब तक मनुष्य दरिद्र है। यह असंतुष्टि का स्वभाव मानव मात्र के वर्तमान स्वरूप को निरंतर विकृत स्थिति में बनाए

रखने में मुख्य भूमिका निभाता है। यह धर्म सार जानते सभी हैं किंतु अनजान से बने रहकर आजीवन संग्रह और भी संग्रह में जीवन का अर्थ भूल जाते हैं।

बिना किसी भूमिका के यदि आज के युवा वर्ग को असंतुष्ट कहा जाए तो यह अतिश्योक्तिपूर्ण नहीं होगा। असंतुष्टि अपनी वर्तमान स्थिति के प्रति, असंतुष्टि उपभोग के दिनों दिन ईजाद होते भौतिक साधनों का संग्रह न कर पाने के प्रति। दरअसल असंतुष्टि में लिपटी कच्ची या यूं कहें अधकचरी मानसिकता के चलते युवाओं ने विभिन्न स्तर व श्रेणी के पेशेवर कलाकारों को आदर्श के रूप में अपना रखा है। ऐसे में समाज का वर्तमान स्वरूप भविष्य में निरंतर विकृत होते-होते अंततः हमें लूटमार की आदिकालीन संस्कृति की ओर ले जा रहा है।

असंतोष एक प्रकार की मानसिक व्याधि है

असंतोष भी एक प्रकार की मानसिक व्याधि ही होती है। यह सुख शांति का हरण कर लेती है। 'संतोषी सदा-सुखी' की तरह यह कहना होगा 'असंतोषी सदा दुःखी।' यह गलत भी नहीं है। असंतोष का जन्म अभाव से बतलाया गया है। जिनके पास भोजन-वस्त्र का अभाव हो, जीवन यापन के साधनों की कमी हो, उसे असंतोष होना स्वाभाविक है। किंतु यह असंतोष वह असंतोष नहीं होता, जिसकी मानसिक व्याधि कहकर निन्दा की जाती है। इस प्रकार का अभाव जन्य असंतोष वास्तव में असंतोष न होकर आवश्यकता का दबाव होता है। यह बुरा नहीं है। यदि आवश्यकताओं का दबाव अकारण सह लेने का अभ्यास बना लिया जाए तो मनुष्य सामान्य स्थिति में भी नीचे गिरकर दीन-हीन और दरिद्र बन जाए। कहीं से कुछ मिल गया खा लिया नहीं तो भूखे पड़े तरस रहे हैं। कपड़ों के स्थान पर चीथड़ों को ही लपेटे हैं। इस प्रकार का विवशतापूर्ण जीवन मनुष्य के योग्य नहीं है। वह तो बुद्धि और पुरूषार्थ से वंचित पशुओं का जीवन है। आवश्यकतायें मनुष्य को पुरूषार्थ एवं परिश्रम की प्रेरणा देती हैं। उनकी मांग का उचित उत्तर कर्मशील बनकर दिया ही जाना चाहिए।

मानसिक व्याधि वाला असंतोष दूसरी चीज है। उसका जन्म अभाव अथवा आवश्यकता से नहीं, बल्कि लोभ और तृष्णा से होता है। यह एक असात्विक स्वभाव और आसुरी वृत्ति होती है जो अकारण ही दुःख

दिया करती है। इस वृत्ति का व्यक्ति सब कुछ होने पर भी उसके सुख से वंचित ही रहता है। असंतोष की पीड़ा उसे घेरे ही रहती है। लोभ के कारण असंतोषी व्यक्ति सम्पत्ति एवं सम्पन्नता की दशा में भी अपने आपको अभावग्रस्त अनुभव किया करता है। लक्ष्मी का भंडार पृथ्वी की वसुधा और कुबेर का कोष क्यों न दे दिया जाए, किंतु असंतोष का रोगी तब भी संतुष्ट न होगा। तब भी उसे अभाव और आवश्यकता अनुभव होती रहेगी। ऐसा वितृष्ण व्यक्ति सम्पन्नता में भी विपन्नता का दुःख भोगने पर मजबूर रहता है।

संतुष्टि मानव जीवन का श्रृंगार

संतुष्टि मानव जीवन का श्रृंगार है, इसीलिए कहते हैं कि 'जो चेहरे से चमके, वह संतुष्ट है।' 'मगर दुर्भाग्यवश संसार में कुछ लोग ही ऐसे हैं, जिन्होंने संतुष्टि से व्युत्पन्न मीठे फल का स्वाद चखा हो। हम मनुष्य अपना सारा जीवन और अधिक, और अधिक करते-करते गुजार देते हैं और अंततः असंतुष्ट होकर मृत्यु को प्राप्त होते हैं। अधिकांश लोगों के मन में संतुष्टि की अवधारणा के बारे में बहुत भ्रम होता है। जब तक इसे यथार्थ विधि से समझा न जाए, यह भ्रम बना रहता है। तो क्या है वह सरल विधि, जिससे संतुष्टि को समझ सकते हैं?

वह विधि है, इसके विपरीत पहलू को समझना यानी, 'असंतुष्टि' को जानना। विशेषज्ञों के अध्ययन के अनुसार, मनुष्य के असंतोष के कई कारण हैं, जो उसके जीवन में मानसिक व्यग्रता लाकर बौद्धिकता को असंतुलित कर देते हैं। संतुष्टि तीन प्रकार की होती है-एक है ईश्वर से संतुष्ट अर्थात् जो, जितना, जैसा और जब भी ईश्वर ने दिया, उसमें संतुष्ट रहना दूसरा है, अपने आप से संतुष्ट अर्थात् खुद को अपने गुण-अवगुणों के साथ स्वीकार करना और तीसरा है, सर्व सम्बन्ध और संपर्क से संतुष्ट यानी हर आत्मा को उनके गुण-अवगुणों के साथ स्वीकार करते हुए हर एक के अंदर कोई न कोई सकारात्मकता खोजना। संतुष्टि की निशानी प्रत्यक्ष रूप में प्रसन्नता दिखाई देगी और इसी खुशी के आधार पर प्रत्यक्ष फल यह होगा कि ऐसी आत्मा की सदा स्वतः ही सर्व द्वारा प्रशंसा होगी। जबकि असंतुष्ट लोगों के अंदर हवा में महल बनाने की एक ठेठ आदत होती है। वे समझ ही नहीं पाते हैं कि जीवन में दोनों सिरों को मिलाने के लिए कड़ी मेहनत अनिवार्य है। जिस तरह अल्फ्रेड नोबेल ने कहा है, संतोष ही असली धान है, वैसे ही

हमें भी संतुष्टि रूपी धान छोड़कर अन्य प्रकार के धान को हासिल करने के पीछे नहीं भागना चाहिए।

जो मिला, जितना मिला उसके लिए न करें शिकवा-गिला - संत श्री तरूण सागर

जो मिला, जैसा मिला, जितना मिला उसके लिए कोई शिकवा-गिला न करें। और अगर मन पसंद मिल गया तो गुमान न करें। हर घटना को प्रभु का प्रसाद माने और उसकी रजा में राजी रहना सीखें। जो जिंदगी के विषाद को भी प्रभु का प्रसाद मानकर चलता है, उसके लिए विषाद भी आशीर्वाद बन जाया करता है। प्रभु से इस बात की शिकायत ना करो कि उसने तुम्हें औरों से कम दिया है। बल्कि इस बात के लिए धन्यवाद दो कि उसने तुम्हें तुम्हारी पात्रता से ज्यादा दिया हैं।

10.

मुखौटा छोड़ जिएं वास्तविक जिंदगी

> "उतार दो नकली मुखौटे और देखो तुम्हारे असली अंग-प्रत्यंग कैसे हैं? बहुत कर चुके स्वांग। अब बताओ कि तुम क्या हो? अपने विचारों को अपनाओ, अपने आप में स्थिर रहने का साहस करो, कुछ कर दिखाओ तभी सुख से जी पाओगे।
>
> **-कालहिम**

आज दुनियां में हर व्यक्ति अपने आपको अशांत और दुःख से घिरा हुआ पाता है। इसका मूल कारण यह है कि मनुष्य ने अपने सहज, सरल जीवन को भुलाकर आडम्बरपूर्ण, स्वार्थमय, ठाट-बाट और बनावटी जीवन अपना लिया है। अपने ही हाथों अपने पैरों पर कुल्हाड़ी मारने वाली कहावत आज हमारे सामने चरितार्थ होती दिख रही है। आज व्यक्ति जिस प्रकार से सरलता को छोड़ कृत्रिमता का मुखौटा लगाए हुए स्वार्थ साधनों में लिप्त हैं, पहले कभी नहीं हुआ था और उसका परिणाम हम दुःख के रूप में भुगत रहे हैं।

मुखौटा, सज-धज, आडम्बर और ठाट-बाट की प्रक्रिया अपने आप में एक सामाजिक संक्रामक व्याधि है। इसमें तीन प्रकार के लोग आसानी से शिकार हो जाते हैं। पहले वे हैं जो योग्य न होते हुए भी योग्यता का प्रदर्शन अपनी सजावट से करना चाहते हैं दूसरे प्रकार के वे हैं जो अपनी असली स्थिति से अधिक सामाजिक सम्मान के आकांक्षी हैं। वे समझते हैं कि हमारी प्रतिष्ठा, मान, सम्मान सभी जगह तभी होगी जब दिखावा हो, आकर्षक हों। तीसरी श्रेणी के वे लोग हैं जो अपने बाह्य आडंबर से अड़ोस-पड़ोस को प्रभावित कर स्वयं ईर्ष्या का पात्र बनना चाहते हैं। लेकिन जब इस पर

गंभीरता से विचार करते हैं तो पाते हैं कि ये तीनों प्रकार के व्यक्ति अपना ही अहित करते हैं। हां यह सही है कि इसका दुष्प्रभाव इस श्रेणी के लोगों पर भी पड़ता है और सच्चा सुख उससे दूर भागने लगता है।

किसी ने क्या खूब कहा है-

"मुखौटे बचपन में देखे थे मेले में टंगे हुए।
बड़े हुए तो देखा लोगों के चेहरों पर चढ़े हुए।।"

सरलता : सुख के मार्ग का प्रथम सोपान

सरलता कितना छोटा, कितना साधारण और सीधा शब्द है, किंतु इसके सच्चे स्वरूप को समझ लेने पर हमें ज्ञात होगा कि यह छोटा-सा शब्द जिन्दगी में कितनी अहमियत रखता है।

जीवन में दु:ख कठिनाइयाँ तथा मुसीबतें तब पैदा होती हैं, जब मनुष्य उसे जटिल, दुरूह और अधिक आडम्बर पूर्ण बना लेता है। जीवन की सरलता सुखद है। व्यवहार में सरलता, आचार और विचार में स्पष्टता बनी रहे तो मनुष्य जीवन में कहीं कुछ भी दु:ख, कठिनाई या परेशानी नहीं है।

वर्तमान में जीवन सम्बन्धी अधिकांश कठिनाइयों, कष्टपूर्ण समस्याओं का प्रमुख कारण सरलता छोड़ कृत्रिमता की भावना का बढ़ जाना है। अधिकांश व्यक्ति अपने को वास्तविक स्थिति से बढ़ा-चढ़ाकर दिखाने का प्रयत्न करते हैं। एक समय था जब बहुत बड़े विद्वान, सम्पत्तिवान, पदाधिकारी भी अपने को साधारण श्रेणी का व्यक्ति जानते, मानते थे और अपना रहन-सहन दूसरे औसत श्रेणी के व्यक्तियों के समान ही रखते थे। उनमें और दूसरे लोगों में जो अन्तर था वह विचारों की भावनाओं की ऊँचाई-नीचाई का होता था। वे सादा जीवन उच्च विचार की नीति के अनुयायी होते थे। इसके फलस्वरूप उनका जीवन सदैव संतुष्ट और सुखी व्यतीत होता था। सांसारिक परिस्थितियों के उतार-चढ़ाव, संपद-विपद का आना-जाना उन्हें बहुत कम प्रभावित कर पाता था। देखने वालों की निगाह में भी वे सदा एक से मालूम पड़ते थे जिससे उनके प्रति श्रद्धा की भावना बनी रहती थी।

आदिम युग में आदमी अनपढ़ और गंवार था पर उसका चरित्र जटिल न होकर सीधा और सरल था। उसे समझना आसान था। उसके बारे में कुछ

कहना आसान था। परिणाम स्वरूप उसका जीवन सदैव संतुष्ट और सुखी व्यतीत होता था। सांसारिक परिस्थितियों के उतार-चढ़ाव संपद और विपद का आना जाना उसे बहुत कम प्रभावित कर पाता था। देखने वालों की निगाह में भी वे सदा एक से जान पड़ते थे, जिससे उनके प्रति सम्मान और श्रद्धा की भावना अक्षुण्य बनी रहती थी।

सरलता की महिमा : हे अग्नि देव, हमें सरल पथ से ले जाओ

जीवन में सरलता के महत्त्व को अच्छी तरह जानने के लिए आप दुनिया के इतिहास को उठाकर एक नजर डालिए। आप देखेंगे कि दुनिया में जितने भी महापुरूष हुए हैं उनके जीवन की एक प्रमुख विशेषता रही है सरलता। ऐसा एक भी महान व्यक्ति नहीं ढूंढा जा सकता जिसके आचरण में सरलता न रही हो। आज संसार में हमें जो अशांति दुःख और चारों ओर नारकीय वातावरण दृष्टिगोचर हो रहा है उसका प्रमुख कारण है कि व्यक्ति ने अपने सरल, सहज, भला जीवन को भुला कुटिल और स्वार्थमय जीवन अपना लिया है।

यजुर्वेद में कहा गया है-

हे अग्नि देव! हमें सरल पथ से ले जाओ। बुरे रास्ते से केवल लक्ष्मी नहीं चाहिए, सुपथ चाहिए।

कुरान में कहा है-

ए खुदा, हमें सीधी राह चाहिए। गलत राह से हम अपने मुकाम पर नहीं पहुँचेंगे। ऐसा भान होगा कि हम जन्नत (स्वर्ग) में पहुँचें हैं, लेकिन असल में तो हम जहन्नुम (नरक) में ही जायेंगे।

मौलिक सरलता इतनी सजीव होती है कि उसके समर्थन के लिए तर्क की आवश्यकता नहीं। जटिलता केवल दुर्गुणों तथा पाप वृत्तियों के कारण उत्पन्न होती है। आहार-विचार, रहन-सहन, वेशभूषा, विचारों में मौलिकता, सरलता का समावेश होना आवश्यक है। मनुष्य के जीवन में स्नेह, प्रेम, आत्मीयता, दया, करूणा, उदारता तथा सहिष्णुता का आदान-प्रदान बना रहे इसके लिए यह आवश्यक है कि उसका जीवन शुद्ध और सरल बना रहे।

किसी ने सटीक कहा है-

मधुर वाणी शीतल हृदय, सुंदर सरल, उदार।
जो जन ऐसे जगत में तिनसे सबको प्यार।।

बनावटी जीवन

आज का मानव आधुनिकता की चकाचौंध से अंधा हुआ बनावटी जीवन जी रहा है और भ्रम पाल रखा है कि वह अच्छा जीवन जी रहा है। इस प्रकार वह न केवल दुनियां को अपितु अपने आपको भी धोखा दे रहा है। जो है उससे अलग दिखने की चेष्टा में वह अपनी पहचान खोता जा रहा है।

किसी ने ठीक ही कहा है- "बनावट, सजावट और दिखावट इन्हीं कारणों से आई है चरित्र में गिरावट।"

आज आदमी अपने को दूसरों से बड़ा साबित करने में लगा हुआ है, दूसरों पर अपनी छाप छोड़ना और ऐसा दिखावा करना चाहता है ताकि दूसरों पर अपना रौब जमा सके। अहंकार के वश में आदमी दूसरों को घटिया मानता है और अपना बड़प्पन-महानता को सिद्ध करने पर उतारू रहता है। इसके लिए हर तरीके अपनाता है। कदम-कदम पर तरह-तरह के नाटक-नौटंकियां करता है। चकाचौंध पैदा करने के लिए स्वांग और पाखंड खड़े करता है। यह माया जाल ऐसा है कि इससे निकलना तो दूर इसको समझ पाना तक कठिन हो जाता है। पता ही नहीं चलता कि कब इसने पूरे व्यक्तित्व को ढक लिया। इसी में उलझे साधु-महात्मा लोग तक अपनी महानता साधना और सिद्धि का ढिंढोरा पीटते रहते हैं और भोले-भावुक पुरूष स्त्रियों को अपने मायाजाल में फंसाकर अपना उल्लू सीधा करते रहते हैं।

नाना प्रकार के मुखौटे :-

धर्म का मुखौटा

आजकल धर्म और पूजा-पाठ, कथा और कर्मकाण्ड के प्रति बढ़ता रूझान, मंदिरों में दर्शनार्थियों की बढ़ती भीड़, धार्मिक प्रवचन सुनने उमड़ती जनता, प्रसाद के नाम से मंदिरों में होने वाले विशाल भंडारे, क्या ये सब हृदय में उपजी किसी श्रद्धा का भक्ति भावना का, प्रकटीकरण है? वास्तविकता तो यह है कि इसमें श्रद्धा या भक्ति भावना का अंश तो कम अपितु, डर, दिखावा और अपने आपको धार्मिक और पवित्र साबित करने का मुखौटा ज्यादा है। किसी ने क्या खूब कहा है :-

पहन मुखौटा धर्म का करते दिन भर पाप।
भंडारा करते फिरे बैठा घर में भूखा बाप।।

मुखौटा बन गया जिन्दगी की हकीकत

एक फोटोग्राफर ने नई-नई दुकान खोली और उसने दुकान के बाहर बोर्ड लगाया :-

-20 रूपये में जैसे आप हैं वैसा फोटो खिचवाएं।

-30 रूपये में आप जैसा सोचते हैं वैसा फोटो खिंचवाएं।

-45 रूपये में आप जैसा चेहरा लोगों को दिखाना चाहते हैं वैसा फोटो खिंचवाएं।

उस फोटोग्राफर ने बाद में अपने संस्मरण में लिखा कि :-

मैनें जीवन भर फोटो खींचे लेकिन किसी ने भी 20 रूपये वाला फोटो नहीं खिंचवाया। सभी ने 45 रूपये वाले ही फोटो खिंचवाए। कुछ ये ही हकीकत है जिन्दगी की।

आजकल लोगों द्वारा कदम-कदम पर रंग या मुखौटे बदलने के संदर्भ में एक व्यंग्यकार ने क्या खूब कहा है :- एक गिरगिट ने सुसाइड नोट में लिखा, "मैं आजकल रंग बदलने में लोगों का मुकाबला नहीं कर पा रहा हूं। रंगों में इतने रंग कहां, जितने रंग बदलते हैं आज के इंसान।"

भिखारी की भी दोहरी जिन्दगी

एक भिखारी सड़क के किनारे भीख मांग रहा था। वहां से गुजरते एक सज्जन ने कहा क्यों भाई! कल तो मैंनें देखा था कि तुम सामने वाले नुक्कड़ पर लॉटरी के टिकट खरीद रहे थे और आज अंधे होने का नाटक कर भीख मांग रहे हो?

भिखारी ने कहा- "साहब! वो मेरी सोशल लाइफ थी और यह मेरी प्रोफेशनल लाइफ है।"

मुनि तरूण सागर जी का कहना है- "जब तक दो तरह की जिंदगी रहेगी तब तक आप सुखी नहीं हो सकते। दो चेहरे की जिंदगी ही विसंगतियों का कारण है।"

किसी शायर का यह कथन कितना सच है-

इस फरेबी दुनिया में मुझे दुनियादारी नहीं आती,
झूठ को सच करने की कलाकारी नहीं आती।

जिसमें सिर्फ मेरा हित हो वो समझदारी नहीं आती।
इसलिए पीछे हूँ मुझे दोहरी जिन्दगी जीनी नहीं आती।।

पृथ्वी लोक के सभी मनुष्यों को ईश्वर ने एक बेजोड़ पहचान (यूनिक आईडेंटिटी) दी है। बेजोड़ पहचान रूपी ईश्वर के इस उपहार के बावजूद हम क्यों दूसरे की पहचान का लबादा ओढ़कर जिन्दगी जीने की लालसा पालते हैं। हम मौलिक स्वरूप अर्थात् असलियत में जो हैं, हमें उस पर गर्व होना चाहिए। वहीं किसी भी तरह का मुखौटा लगाने का प्रयास करने वाले का भी जीवन दयनीय हो जाता है।

यदि मनुष्य अपना कल्याण चाहता है, यदि मनुष्य की यह कामना है कि उसका जीवन स्वर्गीय सुख से परिपूर्ण हो तो उसके लिए अनिवार्य है कि वह अपने जीवन में आडम्बर, दिखावट, कृत्रिमता और मुखौटे की दोहरी जिन्दगी को छोड़ सरलता को सर्वप्रथम स्थान दे, सरलता ही वह पहली सीढ़ी है जिस पर चरण रखकर सुख के ठिकाने पर पहुंचा जा सकता है।

11.

सुख का ठिकाना कहाँ? संतों की वाणी

> जय कल्याणी, जय सुखदानी, जय संतों की निर्मल वाणी।
> क्रोध, लोभ, छल मानमर्दिनी, शाश्वत सुखदायिनी।।
>
> **-गोस्वामी तुलसीदासजी**

भारत के संतों की वाणी के एक-एक शब्द में मानव मन को स्पर्श करने की क्षमता है। उनकी अनुभव जन्य वाणी में मानवता, आस्तिकता, संवेदनशीलता, सरसता और लोक हित की भावना समाई हुई है। जब संत की अनुभूतियाँ वाणी पाती हैं तो उनमें लोगों के दु:खों की चर्चा होती है। साफ और सुथरे आपसी सम्बन्ध की बात होती है। संत दु:खों के कारणों को स्पष्ट करते हुए शाश्वत सुख का मार्ग बताते हैं।

संसार में सबसे बड़ी चीज सुख माना गया है। दुनियां में सब जगह जितनी भाग-दौड़ दिखलाई पड़ती है और जितने भी प्रयत्न किए जाते हैं उन सबका अंतिम उद्देश्य सुख की प्राप्ति से होता है, पर अधिकांश लोग यह नहीं समझते हैं कि सुख भौतिक पदार्थों में कदापि नहीं मिल सकता। वह तो आत्मा का गुण है। इसलिए उसकी प्राप्ति आध्यात्मिक प्रयत्नों द्वारा ही संभव है। यही बात संतों की वाणी से प्रस्फुटित होती है।

सच्चा सुख और आनन्द हमारे भीतर है - संत प्रेमदास

संत प्रेमदास भ्रमण करते हुए एक गाँव में पहुँचे थे और उन्हें सुनने आए हजारों लोगों को संबोधित करते हुए वे कह रहे थे- "शाश्वत सुख और आनन्द कहीं और नहीं, बल्कि हमारे भीतर ही है। उससे अनजान होने

के कारण व्यक्ति जीवन भर सुख की तलाश में इधर–उधर भटकता फिरता है। वह कभी भौतिक भोग पदार्थों में सुख ढूँढता है, तो कभी विषय भोगों में सुख ढूँढता है, पर फिर भी वह अतृप्त ही रहता है, क्यों? क्योंकि विषय भोगों व भोग पदार्थों से प्राप्त ऐंद्रिक सुख स्थायी नहीं, वरन क्षण भंगुर होता है, इसलिए इसे प्राप्त करने के बाद भी व्यक्ति अतृप्त ही रहता है।

"इसके विपरीत जब व्यक्ति योगाभ्यास करता है, जब वह भगवद् उपासना, भजन, ध्यान, सुमिरण, स्मरण, सत्संग, स्वाध्याय आदि करता है तो शाश्वत सुख व आनन्द का झरना उसकी आत्मा से ही फूट पड़ता है। असीम आनन्द, परम आनन्द का झरना उसके अंदर से ही प्रवाहित होने लगता है। भौतिक भोग पदार्थों व विषय भोगों से प्राप्त सुख क्षण भंगुर व अधूरा होता है, पर आत्मा से प्रस्फुटित आनन्द पूर्ण होता है, आत्मा से निससृत आनन्द, स्थायी होता है।

"उसे प्राप्त कर लेने के बाद व्यक्ति हर अवस्था में आनन्द ही आनन्द में होता है। उसे स्थायी रूप से तृप्ति का अनुभव होता है। उसके मन में घृणा, ईर्ष्या, द्वैष, जैसी नकारात्मक भावनाएँ समाप्त हो जाती हैं और उसके हृदय में करूणा, प्रेम, संवेदना आदि दिव्य भावनाएँ उमड़ने, उगने लगती हैं। भौतिक व आध्यात्मिक, दोनों ही दृष्टि से उसका जीवन पूर्ण होता है, सुखी होता है एवं आनंदित होता है। यदि तुम्हें शाश्वत सुख–शांति चाहिए तो भगवद् उपासना करो, ध्यान करो, भजन करो और शिव भाव से जीवमात्र की सेवा करो।"

"अहो! सुखम् अहो! सुखम्"–सच्चे सुख की अनुभूति!

एक समय की बात है कि एक बड़े राज्य के राजा को संसार से वैराग्य हो गया। उस राजा ने एक आचार्य के पास जाकर साधु की दीक्षा ले ली और उन्हीं के आश्रम में ही रहने लगा। उठते–बैठते वह हर समय "अहो! सुखम्, अहो! सुखम" बोला करता। आश्रम में रहने वाले अन्य साधुओं को संदेह हुआ कि इस राजा को अपने राज्यकाल में भोगे हुए सुखों की याद आती होगी। उन साधुओं ने अपने मन का संदेह अपने आचार्य से प्रकट किया। आचार्य ने उस राजा को बुलाया और उससे पूछा, "वत्स! तुम हर समय, अहो! सुखम्, अहो! सुखम् क्यों बोला करते हो? क्या तुम्हें अपने राज्यकाल में भोगे हुए सुख याद आते हैं?" राजा ने उत्तर दिया, "आचार्यश्री!

साधु जीवन में मुझे सच्चे सुख की अनुभूति होती रहती है, इसीलिए मेरे मुख से ये शब्द निकलते रहते हैं।" आचार्य ने फिर पूछा, "अहो! वत्स जब तुम राजा थे तब तुम्हें कौन-सा सुख उपलब्ध नहीं था? उससे भी बड़ा ऐसा कौन-सा सुख है जिसकी तुम्हें साधु जीवन में अनुभूति होती रहती है?" राजा ने कहा "पूज्यवर! उस समय राजा होते हुए भी मैं सुखी नहीं अपितु बहुत दु:खी था। अपने पड़ोसी राजाओं से मुझे हर समय आक्रमण का भय लगा रहता था। अपने राज्य के अन्दर भी षड्यंत्र होते रहने के कारण मुझे चैन नहीं मिलता था। जब मैं भोजन करने बैठता था तो मुझे संदेह होता था कि भोजन में किसी ने विष तो नहीं मिला दिया। रात को बंद महलों में सोता था, मेरे शयनकक्ष के बाहर नंगी तलवारें लिये सैनिक पहरा देते थे, फिर भी मैं सुख से सो नहीं पाता था। और तो क्या, मेरा अपना पुत्र भी मेरी मृत्यु की कामना किया करता था। आचार्यश्री! जिस जीवन में न दिन में चैन था न रात को आराम, जिस जीवन में न सुख से भोजन कर पाता था, न रात को बेखटके सो पाता था, क्या वह जीवन सुखी था? अब मैं भिक्षा-जीवी होकर भोजन करता हूं। अनजाने व्यक्ति से अनजाना भोजन सेवन करते हुए भी मुझे कोई भय नहीं होता। किसी भी आरक्षित तथा खुले स्थान पर मैं रात को सो जाता हूं। मुझे अब किसी का कोई भय नहीं रहा। मुझे अब किसी प्रकार की आकुलता भी नहीं है। अत: मुझे अब सच्चे सुख की अनुभूति होती रहती है। अस्तु इसी कारण मेरे मुख से सहज भाव से ही, अहो! सुखम्, अहो! सुखम्, निकलता रहता है।"

कबीरदास जी ने ठीक ही कहा है-

चाह गई चिंता मिटी, मनुवा बेपरवाह।
जिनको कछु न चाहिए, सो जग साहन साह।।

सुख का राज-दु:ख रूपी पत्थर को नीचे रखना सीखें

एक समय की बात है, एक गांव में एक संत रहते थे। लोग उनके पास अपनी समस्याओं को लेकर आते थे, संत उनका मार्गदर्शन करते थे। एक दिन एक व्यक्ति उनके पास आया और उनसे सवाल किया- मैं, यह पूछना चाहता हूं कि हमेशा सुखी रहने का राज क्या है? संत ने कहा- तुम मेरे साथ जंगल में चलो, मैं तुम्हें सुख का राज बताता हूं।

ऐसा कहकर संत और वह व्यक्ति जंगल की ओर चलने लगे। रास्ते में संत ने एक बड़ा-सा पत्थर उठाया और उस व्यक्ति से कहा कि इसे पकड़ो और चलो। उस व्यक्ति ने पत्थर उठाया और वह संत के साथ-साथ चलने लगा। कुछ ही समय बाद उस व्यक्ति के हाथ में दर्द होने लगा। लेकिन वह चुप रहा और चलता रहा। लेकिन कुछ समय बाद उस व्यक्ति से दर्द नहीं सहा गया तो उसने संत से कहा कि उसे दर्द हो रहा है। संत ने कहा-कि पत्थर को नीचे रख दो। पत्थर को नीचे रखने पर उस व्यक्ति को बड़ी राहत महसूस हुई। तभी संत ने कहा- "यही है सुखी रहने का राज"- 'गुरूवर मैं समझा नहीं।' तो संत ने कहा-जिस प्रकार इस पत्थर को एक मिनट तक हाथ में रखने पर थोड़ा सा दर्द होता है और अगर इसे एक घंटे तक हाथ में रखें तो थोड़ा ज्यादा दर्द होगा और अगर इसे और ज्यादा समय तक उठाए रखेंगे तो दर्द बढ़ता जायेगा, उसी तरह दु:खों के बोझ को जितने ज्यादा समय तक उठाए रखेंगे उतने ही ज्यादा हम दु:खी होंगे। यह हम पर निर्भर करता है कि हम दु:खों के बोझ को एक मिनट उठाए रखते हैं या जिंदगी भर। अगर सुखी रहना चाहते हो, तो दु:ख रूपी पत्थर को जल्दी से नीचे रखना सीख लो।

किसी ने ठीक ही कहा है- "यदि आप अपने पुराने दु:ख जैसे अतीत की बुरी स्मृति से मुक्त ना होंगे" तो भविष्य का सुनहरा कल (सुख) आपका आलिंगन कैसे करेगा?

खुशहाल सुखी जीवन जीने के लिए ज्यादा पैसा और शक्ति की आवश्यकता नहीं

सुख कहां है? जीवन की आपाधापी और भागदौड़ से थक चुके एक व्यक्ति ने इसका उत्तर एक संत से पूछा तो उन्होंने एक छोटी-सी कहानी सुनाई जो इस तरह है-

एक मछुआरा समुद्र के किनारे एक पेड़ की छाया में बड़े आराम से बैठा हुआ था तभी वहां से एक धनवान व्यवसायी गुजरा। उसने मछुआरे को आराम से बैठा देखकर पूछा- तुम काम क्यों नहीं करते?

गरीब मछुआरे ने जवाब दिया- मैंने आज की जरूरत के लिए मछलियां पकड़ ली हैं।

जवाब सुनकर व्यापारी ने झुंझलाते हुए उससे कहा- तुम यहाँ समय बर्बाद करने के बजाय और ज्यादा मछलियां क्यों नहीं पकड़ते?

मछुआरे ने पूछा- मैं ज्यादा मछलियां पकड़कर क्या करूंगा?

व्यवसायी- ज्यादा मछलियां बेचकर ज्यादा पैसा कमा सकोगे और बड़ी बोट खरीद सकोगे।

मछुआरा- उससे क्या होगा?

व्यवसायी-तुम गहरे पानी तक जाकर ज्यादा मछलियां पकड़ सकोगे।

मछुआरा-तब उससे क्या होगा?

व्यवसायी- तुम कई बोट खरीद सकोगे और कई लोगों को काम पर रख सकोगे। इससे ज्यादा पैसा मिलेगा।

मछुआरा- उससे क्या होगा?

व्यवसायी- फिर तुम जिंदगी सुख से आरामपूर्वक व्यतीत कर सकोगे।

मछुआरा- तुम्हें क्या लगता है कि इस समय मैं क्या कर रहा हूं?

कहानी छोटी जरूर है लेकिन यह जीने का बड़ा संदेश देती है। कई लोग मछुआरे को अकर्मण्य मानते हुए कहानी को झुठला सकते हैं, लेकिन इसका मूल उद्देश्य यह है कि सुखी या खुशहाल रहने के लिए ज्यादा पैसे और ज्यादा पावरफुल होने की आवश्यकता नहीं है।

संसार का सबसे सुखी इंसान

एक राजा बीमार पड़ गया। बहुत इलाज करवाया लेकिन ठीक नहीं हुआ। अतः वह अत्यंत दुःखी और निराश रहते हुए अपने अंतिम दिन काटने लगा। एक ज्ञानी संत ने कहा - राजा को ऐसे व्यक्ति के वस्त्र पहनाओ जो हर तरह से सुखी हो, राजा ठीक हो जायेगा। सैनिक ऐसे व्यक्ति की खोज में चारों दिशाओं में दौड़े लेकिन सब तरफ निराशा ही हाथ लगी क्योंकि हर व्यक्ति किसी न किसी रूप में दुःखी था। एक दिन मंत्री ने दूर से देखा कि एक व्यक्ति चला आ रहा है। उसके चेहरे पर संतुष्टि और आनंद झलक रहा था। वह संसार का सबसे सुखी इंसान लग रहा था। लेकिन वह व्यक्ति जब पास आया तो मंत्री देखकर हतप्रभ रह गया, क्योंकि वह एक दिगम्बर मुनि था।

संसार के प्रति आसक्ति ही दुःख है-संत मुनिश्री तरूणसागर

संसार दुःख नहीं है।

संसार के प्रति जो आसक्ति है, वह दुःख है।

अटैची दुःख नहीं है, अटैची के प्रति जो अटैचमेंट है, वह दुःख है। मकान में आग लगी। पिता जोर-जोर से रोने लगा। पड़ोसी ने कहा- यह मकान तो कल तुम्हारे बेटे ने बेच दिया था। पिता का रोना एक दम बंद हो गया। बेटा दौड़ता आया और बोला- पिताजी! मकान जल रहा है और आप. ....। पिता ने कहा- लेकिन तुमने तो यह मकान बेच दिया है न। पुत्र बोला-बेचने की बात चली थी मगर बिका नहीं। इतना सुनना था कि पिता फिर दहाड़ मारकर रोने लगा। अपनापन है, इसलिए रोना आता है।

बस चालक की तरह जग चालक पर विश्वास करें - श्रीदत्ता भैया

हमारा जीवन एक यात्र के समान है जिसमें हमारा अनेक लोगों से संपर्क होता है साथ ही अनेक परिस्थितियां भी निर्मित होती हैं। प्रत्येक परिस्थिति में व्यक्ति पहले यही सोचता है कि सब कुछ मेरी इच्छा के अनुरूप घटित हो जाए और कुछ लोग तो हर बात उनकी अपने मन के अनुरूप न होने पर परमात्मा को ही दोषी ठहराने से नहीं चूकते। सामान्यत: व्यक्ति जीवन की प्रत्येक परिस्थिति में यह विचार करना है कि ईश्वर को ऐसे समय या तो ऐसा करना चाहिए या फिर वैसा करना चाहिए। वास्तव में परमात्मा को जो करना है, वह तो वही करता है और वह कल्याणकारी होता है, परन्तु हमें किसी बात का रहस्य मालूम न होने पर हम दुःखी हो जाते हैं।

श्री ब्रह्मचैतन्य महाराज के सत्‌शिष्य श्री दत्ताभैया ने एक सुंदर उदाहरण के माध्यम से हमारे जीवन को सुखद बनाने हेतु बोध किया है। श्री दत्ताभैया कहते हैं कि हम एक स्थान से दूसरे स्थान पर जाने हेतु बस द्वारा यात्रा करते हैं तो रास्ते में कुछ बोर्ड लगे रहते है, जैसे घाटी प्रारंभ या घाटी समाप्त, आगे खतरनाक मोड़ है, गाड़ी धीमी चलाएं। जब इस प्रकार के बोर्ड हमें रास्ते में दिखते हैं तो ऐसे समय हम कभी भी बस चालक को यह नहीं कहते हैं कि अब इस मोड़ पर तुम गाड़ी ऐसे चलाओ या इस घाटी पर फिर वैसे चलाओ, बल्कि हम अपनी बस की पूरी यात्रा उस बस चालक के ऊपर निर्भर करते हुए तथा विश्वास करते हुए वह जैसी भी गाड़ी चलाता है, उसी में आनन्द मनाते हुए अपनी जगह बैठकर आनन्द से यात्रा करते हैं और साथ ही हम किसी भी मोड़ पर विचलित भी नहीं होते हैं।

श्रीदत्ता भैया कहते हैं कि बिल्कुल ठीक इसी प्रकार हमारी जीवन यात्रा में भी हमें उस जगत पालक परमात्मा को जीवन के हर मोड़ पर या जीवन के उतार-चढ़ाव में हमारी अपनी मर्जी से हमारा जीवन चलाने का निर्देश नहीं देना चाहिए, बल्कि वह जैसी भी हमारे जीवन की गाड़ी चलाए, उसी में आनन्द लेते हुए प्रभु राम का नाम लेना चाहिए तथा किसी भी परिस्थिति में विचलित भी नहीं होना चाहिए। श्रीदत्ता भैया कहते हैं कि जिस तरह बस की यात्रा में बस चालक पर विश्वास रखकर हम अपनी यात्रा आनन्द से करते हैं, ठीक उसी प्रकार इस जीवन यात्रा में भी उस जगत चालक पर विश्वास रख अपना कर्तव्य करते हुए आनन्द से उसका नाम लेते हुए यह जीवन यात्रा सुख से पूरी करनी चाहिए।

सच्चा सुख हमारे भीतर छिपा है-संत राजिंदर सिंह

इस दुनिया में लोग अलग-अलग तरीकों से सुख ढूंढने की कोशिश करते हैं। कुछ इसे धन-दौलत और दुनियावी चीजों में ढूंढते हैं। कुछ लोग इसे यश और प्रसिद्धि में पाना चाहते हैं। कुछ इसे सांसारिक रिश्तों-नातों में तलाश करते हैं। कुछ लोग फिल्म, संगीत, सांस्कृतिक गतिविधियों, टीवी और शारीरिक भोगों-रसों जैसे दुनियावी मनोरंजनों में अपने लिए खुशियां ढूंढने की कोशिश करते हैं। अन्य लोग खेलकूद देखकर या उनमें भाग लेकर खुशियों की तलाश करते हैं। यह सच है कि आज की उपभोक्तावादी संस्कृति हमारे अंदर नई-नई इच्छाओं को पैदा करती है। हम पोस्टरों, होर्डिंग्स, टीवी और रेडियो पर रोज नए-नए उत्पादों के विज्ञापन देखते हैं। विज्ञापनकर्ता हमें सिखाते हैं कि हमारे लिए फलां इलेक्ट्रॉनिक उपकरण, या फलां फैशन के कपड़े, या फलां कार बहुत ही जरूरी है। वो हमें यकीन दिलाते हैं कि अगर हम तुरंत इन चीजों को खरीद नहीं लेते, तो इसका मतलब हम में और हमारे जीवन में कुछ न कुछ गड़बड़ या कमी जरूर है। यदि हम इन चीजों पर विचार करें, तो पाएंगे कि ये हमें वो स्थायी सुख नहीं देतीं, जिनका हमसे वादा किया जाता है। हम थोड़े समय के लिए जरूर इनसे खुशी हासिल करते हैं, लेकिन इनके खो जाने या दूर हो जाने से, हमें बहुत ही दुःख और पीड़ा सहन करनी पड़ती है। जीवन में किसी न किसी मोड़ पर हमें यह एहसास अवश्य होता है कि बाहरी संसार की खुशियां क्षणिक हैं।

सुख का केवल एक ही स्त्रोत स्थायी है। यदि हम अपने अंतरमन में सच्चे आत्मिक स्वरूप का अनुभव कर लेंगे, तो हमें इतना अधिक सुख आनन्द और प्रेम मिलेगा, जो इस संसार की किसी भी इच्छा की पूर्ति से नहीं मिल सकता।

दुःख सुख बन जाएगा- संत कवि दादू दयाल

व्यक्ति को ईश्वर के दिए हुए दुःख-सुख को समान समझना चाहिए। दादू कहते हैं कि जो हमें प्रिय है, वह मधुर लगता है। उस प्रिय का दिया हुआ सब कुछ अच्छा लगता है। यदि वह विष भी दे तो कड़वा नहीं लगता। वह अमृत सा ही लगता है। इसी प्रकार प्रभु हमें दुःख रूपी विष भी देता है तो हमें उसे सुख रूपी अमृत की तरह प्रसन्नतापूर्वक ग्रहण करना चाहिए। यदि हम उसके दिए हुए दुःख को भी आनन्द से लेंगे तो वह सुख ही बन जायेगा। उन्हीं के शब्दों में-

मीठे का सब मीठा लागै, भावै विष भरि देइ।
दादू कड़वा ना कहे, अमृत करि करि लेइ।।

मेरे सुखी जीवन का रहस्य, तुम्हारी समझ से परे- महान दार्शनिक, सुकरात

एण्टी फ्रो ने सुकरात से कहा-

"मैं समझता था, दार्शनिक ज्ञान से मनुष्य को बहुत अधिक सुख प्राप्त होता है। परन्तु तुम्हारी अवस्था को देखकर मेरे विचार बदल गये हैं। कोई दासों का दास भी ऐसी घोर कष्टमयी अवस्था में रहना न चाहेगा। तुम्हारा भोजन बहुत घटिया है वस्त्र भद्दे और फटे-पुराने हैं। जूता कभी पहनते ही नहीं। यदि शिष्य वर्ग से फीस लेने लग जाओ तो थोड़े ही दिनों में तुम्हारी अवस्था सुधार जाएगी। अब तो मेरा यह दृढ़ विश्वास है कि यदि तुम्हारी शिक्षा और तुम्हारे आचरण को एक-दूसरे के अनुसार ही माना जाये तो तुम सुख के स्थान में दुःख के प्रचारक ही माने जाओगे।"

सुकरात ने उत्तर दिया -

"तुम मेरे जीवन को इतना ही तुच्छ समझते हो तब भी चिंता की कोई बात नहीं है। यदि तुम मेरे स्थान पर होते तो शायद ऐसे जीवन की अपेक्षा मृत्यु को अधिक श्रेयस्कर समझते। परन्तु क्या तुम उसे सुखदायक समझते

हो, जहाँ वेतनभोगी अध्यापक, फीस देने वाले प्रत्येक लड़के-लड़की को पढ़ाने के लिए विवश हैं। मैं तो स्वतंत्र हूं। जिसे चाहूं पढ़ाऊँ जिसे चाहूं न पढ़ाऊँ। मेरा भोजन बहुत साधारण होता है? तुम्हारे भोजन जैसा चटपटे मसालेदार नहीं होता, जिसे अपने भोज्य पदार्थ रूचिकर लगते हैं उसे किसी और वस्तु की क्या आवश्यकता है? लोग गर्मी में और सर्दी में भिन्न-भिन्न प्रकार के कपड़े इसलिए पहनते हैं कि उनके शरीर समान रूप से गरमी या सर्दी को सहन नहीं कर सकते। लोग जूते पहनते हैं क्योंकि उनके पांव में चोट लगती रहती है। परन्तु मैं तो एक स्वतंत्र मनुष्य हूं। मैनें अपने शरीर को ऐसा बना लिया है जिसे सर्दी-गर्मी नहीं लगती। चोट भी नहीं लगती। नंगे पांव रहकर चलने-फिरने, दौड़ने-भागने में मुझे तो कभी कोई कष्ट नहीं होता। मेरे जीवन में जो सुख है तुम तो उसका अनुमान भी नहीं लगा सकते।"

सुख के साथ दुःख भी आवश्यक

एक संत के आश्रम में कुछ शिष्य अध्ययन करते थे। एक दिन एक शिष्य ने संत से पूछा- गुरुजी सुख आता है तो लोग खुश हो जाते हैं। लोग अपने सुख के क्षणों को याद रखते हैं फिर दुःख क्यों आता है? न तो इसे कोई स्वीकार कर पाता है ओर न ही याद रखना चाहता है। संत बोले मुझे नदी के दूसरे किनारे पर जाना है। तुम्हारी बात का उत्तर मैं तुम्हें नाव में बैठकर दूंगा। दोनों नाव में बैठ गए। संत नाव का चप्पू चलाने लगे, लेकिन वे केवल एक ही चप्पू चला रहे थे। इससे नाव गोल-गोल घूमने लगी, आगे बढ़ ही नहीं रही थी। तब शिष्य बोला, गुरुजी अगर आप एक ही चप्पू से नाव चलाते रहे, तो हम आगे बढ़ ही नहीं पाएंगे। उसकी बात सुनकर संत बोले, तुमने अपने प्रश्न का उत्तर दे दिया। अगर जीवन में सिर्फ सुख ही सुख होगा तो जीवन की नाव गोल-गोल घूमती रहेगी, आगे बढ़ेगी ही नहीं। जिस तरह नाव को साधने के लिए दो चप्पू चाहिए उसी तरह जीवन को चलाने के लिए सुख के साथ दुःख भी आवश्यक है।

किसी ने ठीक ही कहा है-

दुःख भी ईश्वर का एक शानदार उपहार,
न करो इसे लेने से कभी इंकार।

12.

ईर्ष्या : सुख के पथ की कांटेदार झाड़ियाँ

> ईर्ष्यालु व्यक्ति अपने दोषों की ओर से आँखों पर पट्टी बांध लेते हैं। दूसरों के दोष देखने में दिव्य नेत्र धारण कर लेते हैं। अपने गुणों को गला फाड़-फाड़कर गाते हैं और दूसरों की प्रशंसा का अवसर आने पर मौन रहते हैं।
>
> **-स्वेट मार्डेन अमेरिकी लेखक**

ईर्ष्या मनुष्य का वह शत्रु है जो हीनता बोध के कारण जन्म लेता है। किसी के सुख वैभव को देखकर जलना और खुद को उससे कमतर समझकर दु:खी रहना यही ईर्ष्या है। ईर्ष्या हीनताबोध को समाप्त नहीं करती बल्कि कुछ अंशों तक दबा देती है। ईर्ष्या करने वाला मनुष्य अपनी सारी ऊर्जा, शक्ति और समय दूसरे का बुरा सोचने और करने में गंवा देता है। ईर्ष्यालु व्यक्ति खुद ही अपनी ईर्ष्या की आग में जलता रहता है। वह अपनी सम्पत्ति, जिसे वह खुद की प्रगति के लिए इस्तेमाल कर सकता था, दूसरे का बुरा करने में नष्ट कर देता हैं? ईर्ष्यालु कभी किसी का भला नहीं करता पर साथ ही सबसे ज्यादा, वो अपने आपका नुकसान कर लेता है। दुनिया में अधिकांश लोग खुद की समस्याओं की बजाय दूसरों के सुख से ही ज्यादा दु:खी रहते हैं। दूसरों की उपलब्धियों से अपनी उपलब्धियों की तुलना करते रहने से ही मनुष्य में असंतोष पैदा हो जाता है। हीनभाव की पीड़ा के साथ दूसरे के प्रति द्वेष भाव और आक्रोश मिल जाने से व्यक्ति ईर्ष्याग्नि में झुलसने लगता है। घृणा और ईर्ष्या कभी मनुष्य को सुख चैन से जीने नहीं देते।

ईर्ष्या क्या है?

प्रत्येक व्यक्ति अधिकतम सुख चाहता है। अधिकतम सुख प्राप्ति हेतु व्यक्ति हमेशा प्रयासरत रहता है। ऐसे में वह अपने संपर्क में रहने वाले व्यक्तियों के साथ अपने सुखों की तुलना करता है। व्यक्ति का अहंकार यह सहन नहीं कर पाता कि अन्य कोई व्यक्ति उससे ज्यादा सुखी व सम्पन्न हो। अन्य व्यक्ति को अधिक सुखी देखकर इस विचार का आना कि मेरे सुख उस व्यक्ति के सुख से बढ़ जाएं और जब तक मेरे सुखों में वृद्धि न हो, तब तक उस व्यक्ति के सब सुख कम हो जाएं, ईर्ष्या का प्रमुख कारण है। हमसे अधिक सुखी, सुविधा सम्पन्न व्यक्ति के प्रति मन में जो कुंठा होती है, वही ईर्ष्या है।

ईर्ष्या किन लोगों से?

ईर्ष्या भाव हमेशा अपने समकक्ष लोगों से ही होता है, किसी निम्नश्रेणी के व्यक्ति को उच्च श्रेणी के व्यक्ति से ईर्ष्या नहीं होगी। ईर्ष्या बंधु-बांधवों, रिश्तेदारों, सहपाठियों, सहकर्मियों और मित्रों से ही होती है। सबसे कठिन स्थिति तब होती है जब ऐसा व्यक्ति आपका जीवन साथी हो, क्योंकि उनसे किनारा भी नहीं किया जा सकता, मगर दांपत्य के संबंधों में खटास जरूर आ जाती है। ईर्ष्या अच्छे से अच्छे दोस्तों में भी दूरियाँ पैदा कर देती है और रिश्तों के ताने बाने को उधेड़ कर रख देती है। अच्छा यही होगा कि अपने अन्दर की ईर्ष्या को अपने से दूर ही रखने का प्रयत्न किया जाए, उसी से खुशहाल जीवन मार्ग प्रशस्त होगा। दूसरों की उपलब्धियों को देखकर निराश होने और ईर्ष्या की आग में झुलसने के स्थान पर धैर्य व संतोष की भावना से अपने जीवन को सुखी बनाने का प्रयत्न करना चाहिए। इससे आप बेकार तनाव और उससे होने वाली बीमारियों से बच सकेंगे।

ईर्ष्या का धर्म जलन

ईर्ष्यालु व्यक्ति अपनी असफलता का दोषारोपण दूसरे व्यक्ति पर करता है, जबकि इसके लिए वह स्वयं ही जिम्मेदार होता है। ईर्ष्यालु व्यक्ति को हर व्यक्ति अपने विरूद्ध षडयंत्र रचता नजर आता है।

ईर्ष्या हमारे मन को ही नहीं वरन् तन को भी क्षीण करती है। इसीलिए ईर्ष्या का धर्म जलन माना गया है। ईर्ष्या की भावना से हमारा खून जलता रहता है और द्वैष की अग्नि धधकती रहती है। इस कारण व्यक्ति अपने को हीन समझने लगता है और जो सुख उसे हैं वे भी गायब हो जाते हैं।

विशेषज्ञों का मत है कि ईर्ष्यालु व्यक्ति मानसिक रोगों का शिकार हो जाता है। परनिंदा, दोषारोपण, ताने मारना इन सब कुप्रवृत्तियों का वो आदी हो जाता है।

ईर्ष्या का बोझ

एक बार एक गुरु ने अपने शिष्यों से कहा कि वे घर जाकर आलू पर उन व्यक्तियों का नाम लिखें, जिनसे वे ईर्ष्या करते हैं। आप जितने भी व्यक्तियों से ईर्ष्या करते हैं, उतने ही आलू लेकर प्रत्येक पर उनका नाम लिख दें और उन आलुओं को थैली में उसे मेरे पास लेकर आएं। किसी के पास चार आलू थे, तो किसी के पास दो या आठ। प्रत्येक आलू पर उसका नाम लिखा था, जिससे वे ईर्ष्या करते थे। इसके बाद गुरुजी ने कहा कि अगले सात दिन तक वे सोते-जागते, खाते-पीते, हमेशा जहाँ भी जाएं, आलू की थैली को अपने साथ लेते जाएं।

सात दिन बाद सभी गुरुजी के पास पहुंचे। उन्होंने सभी को थैलियां उनके पास रखने को कहा। इतना सुनते ही सभी ने चैन का सांस ली। 2-3 दिन बाद जब आलू सड़ने लगे तो सभी उसकी सड़न और बदबू से परेशान होने लगे। गुरूजी के पूछते ही सभी आलू की दुर्गंध से होने वाले कष्टों का ब्यौरा देने लगे।

गुरुजी ने हंसते हुए कहा कि जब मात्र सात दिनों में ही आपको ये आलू बोझ लगने लगें, तब सोचिए कि अगर आप जिन व्यक्तियों से ईर्ष्या करते हैं उनका कितना बोझ आपके मन पर होता होगा। आप लोगों को ईर्ष्या की सड़न जरूर परेशान करती होगी। मगर उस बोझ को आप पूरी जिन्दगी ढोते रहते हैं। इस अनावश्यक बोझ से आपके मन और दिमाग को कितना कष्ट होता होगा।

ईर्ष्या की अग्नि पल-पल प्रज्वलित

ईर्ष्यालु स्वयं ही ईर्ष्याग्नि से जलता रहता है। यह अग्नि पलपल प्रज्वलित रहती है। ईर्ष्या आत्मविश्वास के अभाव में जन्म लेती है। स्वयं पर भरोसा है तो मानव खुद वह धन-सम्पदा अर्जित कर सकता है, जिसे अन्य के पास देखकर ईर्ष्या करता रहता है।

ईर्ष्यालु व्यक्ति के पास लक्ष्मी का वास नहीं रहता। अपनी ईर्ष्या के कारण वह उपलब्ध धन को ऐसे उपायों में नष्ट करता रहता है जो उसे नहीं करने चाहिए। ऐसे में लक्ष्मी दूर चली जाती है।

ईर्ष्या भस्मासुर की तरह

रेगिस्तान में एक आदमी के पास यमदूत पहुंचा। लेकिन आदमी उसे पहचान नहीं पाया। पर, "अतिथि देवो भव:" मानकर उसका स्वागत किया। गांवों में अभी भी अतिथि का सत्कार करते हैं। आगंतुक से वार्तालाप के दौरान परिचय पूछा। अतिथि ने कहा-मेरा नाम यमराज है। मैं तुम्हारे प्राण लेने आया हूं, लेकिन तुम मुझे बहुत अच्छे इंसान लगते हो, इसलिए मैं तुम्हें 5 मिनट के लिए नियति की पुस्तक दे सकता हूं। उसे पढ़कर तुम 5 मिनट में जो कुछ भी बदलना चाहो, तो बदल सकते हो, पर समय का ध्यान रखना।

यमदूत ने उसे 'नियति' की किताब दे दी। पुस्तक के पन्ने पलटते हुए उसे अपने पड़ोसियों के जीवन की झलकियां दिख पड़ीं। पड़ोसियों का खुशहाल जीवन देखकर वह ईर्ष्या और क्रोध से भर गया। उसने देखा-ये लोग इतने अच्छे जीवन के हकदार हैं ही नहीं। बस, ईर्ष्यावश पेन द्वारा अपने पड़ोसियों के भावी जीवन में भरपूर काट-बिगाड़ कर वह बहुत खुश हुआ, और मन नही मन अत्यधिक प्रसन्न हुआ।

पड़ोसी भविष्य में अवश्य दु:ख भोगेंगे। इस दुर्भावना में अमूल्य समय खो दिया। फिर झटपट वह अपने भावी जीवन के पन्नों तक मुश्किल से पहुंचा कि उसी पल मौत आती दिखाई दी। इससे पहले कि वह अपने जीवन में कोई फेरबदल कर पाता, बस मौत ने उसे अपने आगोश में ले लिया। अपने जीवन के पन्नों तक पहुंचते-पहुंचते उसे 5 मिनट पूरे हो गये थे। इस प्रकार न जाने कितने लोग ईर्ष्यावश जीवन के अमूल्य पल यूंही गंवा देते हैं।

ईर्ष्या की आग को एक सकारात्मक तरीके से भी उपयोग में लाया जा सकता है। अगर आप यह पाएं कि आपका कोई करीबी व्यक्ति आपसे किसी भी क्षेत्र में बेहतर है, तो उससे होने वाली ईर्ष्या को आप प्रोत्साहन के रूप में लें और उससे बेहतर कर गुजरने की जी तोड़ कोशिश और मेहनत करें। इससे आपकी ईर्ष्या नकारात्मक ऊर्जा में परिवर्तित नहीं होगी, आप प्रगति करेंगे। किसी की खींची लकीर को छोटा करने के लिए उसे मिटाने से कहीं बेहतर है कि आप उससे भी बड़ी लकीर खींच दें। ईर्ष्या ईर्ष्या से नहीं मिटती, आग से आग कभी नहीं बुझती। त्याग, उदारता और प्रेम की शक्ति से ही ईर्ष्या को मिटाया जा सकता है।

प्रेमी व्यक्ति सारी दुनिया में शुभ ही शुभ देखता है और ईर्ष्यालु को संसार अशुभ नजर आता है। ईर्ष्या की आग जितना नुकसान सामने वाले को पहुंचाती है उससे कहीं ज्यादा वह ईर्ष्या करने वाले को पहुँचाती है। इसलिए सुखी जीवन जीने के लिए आप इस आग से स्वयं को बचाइये और सारी ऊर्जा, समय, शक्ति और पैसा स्वयं के विकास और प्रगति में लगाइए। यही ईर्ष्या की आग बुझाने का सर्वश्रेष्ठ उपाय है।

13.

दु:ख में भी सुख

> समुद्र की तरह जीवन-मंथन करने से भी मनुष्य को सुख-शांति के असंख्य रत्न मिलते हैं। जीवन-मंथन का अर्थ है-सामने आए संघर्षों तथा बाधाओं से अनवरत लड़ते रहना। जो प्रतिकूलताओं को देखकर डर जाता है, मैदान छोड़ देता है, वह जीवन की अनन्त उपलब्धियों में से सुख का कण भी नहीं पा सकता।
>
> – **दलाई लामा।**

जीवन में दु:ख-दर्द न होना मौत की निशानी है। जीवन है तो दु:ख भी उसका एक अनिवार्य अंग है। दु:ख का मिट जाना ही जीवन का मिट जाना है। जैसे किसी को लकवा मार जाए तो शरीर का वह भागशून्य हो जाता है, उसमें फिर कोई सुई भी चुभा दे तब भी दर्द नहीं होता। इलाज करवाने पर जब वह भाग स्वस्थ हो जाता है तब उसमें सुई चुभने से दर्द होने लगता है। जब उस भाग में दर्द नहीं होता था तब व्यक्ति दु:ख का अनुभव करता था। किंतु अब दर्द होना प्रारंभ हुआ तो वह सुख की अनुभूति करने लगता है। इससे क्या सिद्ध होता है कि दु:ख में भी सुख रहा हुआ है। याद रखिए दु:ख के बिना सुख का कोई मूल्य नहीं है।

किसी ने ठीक ही कहा है-

जिसने दु:ख नहीं सहा वह सुख की मिठास क्या जाने? जो कभी रोया नहीं उसे हंसना भी न आयेगा, जिसने हार जीत नहीं देखी, उसे पुरूषार्थ का महत्त्व कैसे मालूम होगा।

मन एक सरोवर है जिसमें सुख-दुख की लहरें आती रहती हैं। इंसान का जन्म ही रोने से प्रारंभ होता है। जीवन में सुख-दु:ख जो मिले स्वीकार करो। 365 दिन में अगर 5 या 10 दिन दु:ख के आ भी गये तो ईश्वर से शिकवा-शिकायत क्यों? बल्कि कहें कि तुने सारे मीठे फल दे दिए। अगर उसमें एकाध कड़वाफल आ गया तो यह भी तेरा प्रसाद है कि तूने कड़वे और मीठे का अन्तर समझाया, प्रभु।

सुख का वास्तविक सूर्य दु:खों के घने बादलों के पीछे ही रहता है। शीतलता का सुख लेने के लिए गरमी को सहन करना ही होगा। केवल मात्र सुख-सुविधाओं से भरा जीवन अधूरा है। मनुष्य की पूर्णता के लिये दु:ख तकलीफों का होना आवश्यक है। दु:ख की तीव्रता मनुष्य में ईश्वरीय अनुभूति कराकर उसके समीप पहुंचा देती है। जहाँ दु:ख की अनुभूति नहीं वहां ईश्वर की अनुभूति असम्भव है। बुद्धिमान कठिनाइयों को सुख मूलक मानकर इनका स्वागत करता है। उसे वह वरदायिनी होती है।

बलिहारी वा दु:ख की पल पल नाम जपाए

कठिनाइयां मनुष्य जीवन के लिये वरदान रूप ही होती हैं। परिश्रमी, पुरूषार्थी, साहसी और उत्साही लोग अनेक उपलब्धियां प्राप्त कर लेते हैं। किंतु जो कायर हैं, आत्मबल से हीन हैं वे परीक्षा बिंदू को देखकर डर जाते हैं जिनके फलस्वरूप "हाय-हाय" करते हुए जीवन के दिन पूरे करते हैं।

संसार में समस्या और परेशानी न आएं। यह कैसे हो सकता है? सप्ताह में एक दिन रविवार का भी आयेगा न। प्रकृति का यह नियम ही ऐसा है कि जिन्दगी में जितना सुख-दु:ख मिलना है, वह मिलता ही है। मिलेगा भी क्यों नहीं, टेन्डर में जो भरोगे वही खुलेगा। मीठे के साथ नमकीन जरूरी है तो सुख के साथ दु:ख होना भी लाजमी है। दु:ख बड़े काम की चीज है। जिन्दगी में अगर दु:ख न हो तो कोई प्रभु को याद ही न करे।

तभी तो यह कहा गया है-

सुख के माथे शिला पडो, प्रभु का नाम भुलाए।
बलिहारी वा दु:ख की, पल पल नाम जपाए।।

दुःख और कठिनाइयां वरदान हैं जीवन में-

वस्तुतः प्रतिकूलताएँ और विपत्तियां जीवन की कसौटी हैं जिनमें व्यक्ति का व्यक्तित्व निखरता है। इनसे डटकर मुकाबला करने से इच्छाशक्ति प्रबल होती है और हमारी क्षमताओं का विकास होता है कठिनाइयों के समय मनुष्य की आन्तरिक शक्तियां संगठित होकर काम करती हैं और उसमें बड़े से बड़े दुःख का सहजता से मुकाबला करने की क्षमता पैदा हो जाती है।

दुःख मनुष्य में शक्ति उत्पन्न करता है। इसके अतिरिक्त अच्छाई और बुराई, अपने और पराये की पहचान भी दुःख के समय बड़ी आसानी से हो जाती है। क्योंकि सुख के समय तो अपनापन जताने वाले अनेक लोग मिल जाते हैं लेकिन दुःख के समय वे ही आत्मीयता बताने वाले लोग कहां गायब हो जाते हैं यह पता नहीं चलता।

तभी तो कहा गया है-

विपत्ति बराबर सुख नहीं, जो थोड़े दिन होय।
इष्ट मित्र, अरू बंधुजन, जान परे सब कोय।

विपत्ति अंत में सुख देने वाली होती है। वह थोड़े दिनों के लिए ही मुसीबत लाती है। जब विपत्ति आती है तभी तो ईष्ट मित्र और बंधु-बांधवों की भी पहचान हो सकती है। इससे स्पष्ट है कि दुःख हमारे लिए कितना उपयोगी होता है।

दुःख के अभाव में सुख अर्थहीन

"सुख का सच्चा अनुभव, उसका सच्चा आनन्द दुःख में से गुजरने के बाद ही हो सकता है। जब तक दुःख नहीं आता तब तक सुख स्वाद भी मालूम नहीं होता। किसी भूख से व्याकुल व्यक्ति से जाकर पूछिये कि सूखी रोटी में क्या सुख होता है? सुखी रोटी में भी सुख है, उसे वे लोग नहीं जान सकते जिनके पेट दिन-भर मेवा-मिष्ठान्न से भरे रहने के कारण अजीर्ण के शिकार बने हुए हों।"

जिसने दुःख को जाना ही नहीं, समझलों वह भी दुखियारा है। ईरान की रानी गुलनार को इतना अधिक सुख था कि खोजने पर भी दुःख दिखाई नहीं देता था। एक दिन रानी उदास बैठी थी, उसके पति बादशाह फिरोज ने जब उससे पूछा-

"आज तुम उदास क्यों बैठी हो। दुनिया में ऐसी कौन-सी वस्तु है जो तुम्हारी सेवा में हाजिर नहीं की जा सकती है? फिर तुम्हारी उदासी का क्या कारण है?"

रानी ने बड़े खिन्न मन से उत्तर दिया- "जहाँपनाह मुझे किसी प्रकार का दु:ख नहीं है बस यही मेरी उदासी का मूल कारण है। सुख से तो मैं ऊब गई हूं।"

वास्तव में दु:ख के अभाव में सुख का मजा किरकिरा हो जाता है। इसीलिए कहा गया है-

सुख में सुखी होना हो दु:ख भोगना सीखो।
जिसको खबर नहीं दु:ख की वो सुख को क्या जाने।।

दु:ख एक दयालु डॉक्टर की तरह है, जो एक बार फोड़े को चीर कर चिर संचित मैल की तैयार वेदनाओं को सदा के लिए दूर कर देता है। ऐसा डॉक्टर हमारे आदर का पात्र होना चाहिए। दु:ख आए तो हमारे घर में उसका भी सुख की तरह स्वागत होना चाहिए।

सुख की पहचान दु:ख

सुखी और प्रसन्नपूर्ण जीवन का यह अर्थ बिलकुल नहीं है कि कोई भी कठिनाई या समस्या आपके सामने न हो। समस्या रहित, सुविधापूर्ण और सुरक्षित जीवन पद्धति तो आपके व्यक्तित्व का विकास ही रोक देगी। काम में न आने से आपकी क्षमतायें उसी प्रकार अविकसित रह जाती हैं जिस प्रकार शरीर की मासपेशियाँ।

इसके अतिरिक्त मनुष्य को स्वयं अपनी शक्ति का ज्ञान, स्वयं अपनी पहचान भी दु:ख के समय ही होती है जब तक दु:ख नहीं आता तब तक तो मनुष्य सपनों में खोया रहता है। वह सोचता है कि मैं ऐसा कर सकता हूं, वैसा कर सकता हूं। लेकिन सचमुच मनुष्य में कितनी शक्ति है वह क्या कर सकता है और क्या नहीं कर सकता है यह संकट के समय प्रकट हो जाता है। दु:ख आ ही जाए तो उससे घबराने का कोई कारण नहीं है। ऐसी स्थिति में तो हृदय को मजबूत बनाना चाहिए और यह मानना चाहिए कि जीवन में जो मैल आ गया है उसे धोने के लिए ही दु:ख आया है, इस दु:ख को भोग लेने से जीवन में शुद्धता आएगी।

दु:ख के बिना सुख और धूप के बिना छांव का अनुभव नहीं होता, दु:ख ही सुख की पहचान है।

कठिन परिस्थितियां एक वाशिंग मशीन की तरह होती हैं, जो हमें ठोकर मारती हैं, घुमाती हैं और निचोड़ती भी हैं, परन्तु जब भी हम इनसे बाहर आते हैं तो हमारा व्यक्तित्व पहले की अपेक्षा अधिक साफ चमकीला और बेहतर होता है।

हर मुसीबत अपने साथ एक शानदार उपहार लेकर आती है। एक ऐसा उपहार जो आपको हर बार यह विश्वास दिलाता है कि आप कुछ भी कर सकते हैं। आपके लिए असंभव कुछ भी नही है। यह उपहार व्यक्ति तभी प्राप्त कर सकता है जब वह धैर्य और साहस के साथ उस मुसीबत का सामना कर लेता है।

समस्याओं के बीच ढूँढें सुख

एक व्यक्ति हमेशा समस्याओं से घिरा रहकर उनसे जूझते रहता था। उसकी अच्छी नौकरी थी। घर परिवार और कुटुम्ब भी थे। फिर भी वह दु:खी था। वह चाहता था कि किसी तरह समस्याओं से छुटकारा मिले तो वह सुख से रह सके।

एक दिन उसने सुना कि नगर के बाहर नदी किनारे कोई पहुँचे हुए संत ठहरे हुए हैं। उनके पास हर समस्या का हल है। वह संध्या के समय उनके पास पहुंचा। संत के पास पहले से ही कई लोग अपनी-अपनी समस्याओं को लेकर खड़े थे। उसकी बारी आने तक रात हो चली थी।

उसने पूछा- महात्मा! मेरे जीवन की समस्याएँ कैसे खत्म होंगी? मैं सुख-शांति से रहना चाहता हूं।

संत ने कहा-तुम्हारे प्रश्न का उत्तर कल सुबह दूंगा। तब तक तुम मेरा एक काम कर दो। मेरे साथ का एक ऊँट वाला बीमार पड़ गया है। आज रात तुम ऊँटों की देखभाल का जिम्मा ले लो। सारे ऊँट सो जाएं तो तुम भी सो जाना।

वह व्यक्ति सुबह संत के पास पहुंचा। कहने लगा-

मैं, रात भर नहीं सो पाया। कभी कोई ऊँट खड़ा हो जाता, कभी कोई। एक को बिठाता तो दूसरा खड़ा हो जाता। कोई तो कोशिश करने पर भी

बैठता ही नहीं था, तो कोई कुछ समय बाद खुद बैठ जाता था। किसी ऊँट ने बैठने के लिए लम्बा समय लिया। मैं तो सारी रात भाग-दौड़ ही करता रहा।

संत मुस्कुराते हुए बोले-

"यही तुम्हारे प्रश्न का उत्तर है।" कल रात का घटना क्रम तुम्हारा जीवन है। ऊँटों को समस्याएँ मान लो, तो समझ सकते हो कि जीवन में किसी भी क्षण सारी समस्याएँ खत्म नहीं होंगी। कुछ न कुछ लगा ही रहेगा। लेकिन इसका मतलब यह कतई नहीं कि हम जीवन का आनन्द न लें। हमें समस्याओं के बीच रहते हुए ही सुख के क्षण खोजने पड़ेंगे।

संत ने आगे कहा-

समस्याओं को सुलझाने के लिए प्रयास किया जाना चाहिए, लेकिन हर पल उनके पीछे ही नहीं भागते रहना चाहिए। ऊँटों के व्यवहार से तुम जान सकते हो कि कुछ समस्याएँ प्रयासों से खत्म हो जायेंगी, कुछ खुद-ब-खुद सुलझ जायेंगी, कुछ पर कोई असर न होगा और कुछ के सुलझने में समय लगेगा। इस बीच कुछ नई समस्याएँ भी खड़ी हो जायेंगी। इस तरह जीवन चलता रहेगा।

अब सब कुछ तुम पर है कि तुम आनन्द से सुखी जीवन जीते हो या फिर समस्याओं के पीछे हैरान परेशान भागते रहते अपने आपको दु:खी बनाए रखते हो।

दु:ख भी सुख के समान

यदि किसी के जीवन में सुख ही सुख है, तो वह अपने सुख से उतना सुखी नहीं रह पाता, जितना उसे दूर से देखने वाला व्यक्ति उसे देखकर यह सोचता है कि वह कितना सुखी व्यक्ति है। इसी तरह यदि किसी के जीवन में दु:ख ही दु:ख है तो वह अपने दु:ख से उतना दु:खी नहीं होता, जितना उसे दूर से देखने वाला व्यक्ति उसे देखकर यह सोचता है कि वह बहुत दु:खी है। यदि जीवन में बहुत दु:ख है तो व्यक्ति उनसे उबरने का कोई न कोई तरीका ढूंढ ही लेता है। वह धीरे-धीरे दु:खी परिस्थितियों में जीने का इतना अभ्यस्त हो जाता है कि उसके लिए कभी-कभी वही दु:ख सुख के समान हो जाता है, जबकि किसी व्यक्ति के लिए वह परिस्थिति किसी बड़े दु:ख से कम नहीं होती।

व्यर्थ में क्यों दुःखी रहूं आंसू बहाऊँ-एक कैदी के उद्‌गार

एक बार में उज्जैन म.प्र. की भैरवगढ़ जेल गया और वहां देखा कि कई कैदी कैद में आम लोगों की तरह सुखी हैं। इस बारे में मैने जेल के वार्डन से बातचीत की उसने बताया कि जब अपराधी पहली बार जेल में आते हैं तो क्षुब्धा और दुःखी रहते हैं, किंतु कुछ महिनों बाद उनमें से अधिकांश जिनमें बुद्धि है, वे अपने दुर्भाग्य को भुला देते हैं। अपने को उस जीवन में ढाल लेते हैं और उसे स्वीकार कर लेते हैं। वे उसे सुखी बनाने का प्रयास करते हैं। वार्डन ने मुझे एक कैदी का हाल बताया जो माली था और जेल में सब्जी उगाते तथा फूल लगाते समय गाता रहता था। उस कैदी में अन्य लोगों से अधिक विवेक था। उसका सोचता था कि विधाता लेख लिखता है और लिखता ही रहता है। विधाता के लिखे अंकों में से एक को भी आपके आंसू धो नहीं सकते। फिर क्यों दुःखी रहा जाए? क्यों व्यर्थ में आंसू बहाए जाएं?

नारकीय स्थान में भी स्वर्ग का अहसास

छः लड़कियां एक शहर में एक बूचड़खाने में काम कर रही थीं। उनका काम कटे हुए सुअरों के भीतर के अंगों और आंतड़ियों को साफ करने का था। काम का स्थान भी घिनौना था। उन्हें घर के निचले हिस्से में काम करना पड़ता था, जो हमेशा ठण्डा, नम और असुविधाजनक था। फर्श खून और सुअरों की आंतड़ियों से ढका रहता था। निचला भाग दुर्गन्धयुक्त था। एक नया डॉक्टर इस नारकीय दृश्य को देखकर भयभीत हो गया। उसने आदेश दिया कि "नरक जैसी जगह में काम कर रही इन युवतियों को कहीं अन्यत्र स्थान पर काम दिया जाए।"

पर लड़कियों ने इसका विरोध किया। उन्होंने कहा कि "उन्हें अन्यत्र क्यों स्थांतरित किया जा रहा है? जबकि वे अच्छे से अपना काम कर रही हैं।" उनका विरोध इतना दृढ़ और आग्रह भरा था कि व्यवस्थापकों को अपना आदेश वापिस लेना पड़ा।

लड़कियों को अपने काम के प्रति इसलिए प्रेम था क्योंकि उन्होंने वहाँ काम करने वालों का एक सुखद वर्ग बना लिया था। वे आत्मीय भाव से घनिष्ठ मित्र हो गई थीं। काम करते हुए सारे दिन वे बातें करतीं, गाने गातीं, कहानियां कहती रहतीं और गपशप करती रहती थीं। वहां का सामाजिक

वातावरण बड़ा लुभावना और दोस्ताना था, इसलिए काम करने की निकृष्ट दशाओं की ओर उनका ध्यान ही नहीं था। उन्हें अपने काम के प्रति भी बड़ा गर्व था। जिसे वे बड़ा चातुर्यपूर्ण समझती थीं। इसके साथ ही उनका निरीक्षक एक आदर्श निरीक्षक था जिसका व्यवहार पूरी तरह से मीठा और मित्रवत था। इस प्रकार पूरा का पूरा वातावरण सुखद और दोस्ताना था। जिसके कारण नारकीय स्थान में भी उन्हें स्वर्ग का अहसास होता था।

खुले आसमान की जगह काल कोठरी ज्यादा आरामदायक

चार्ल्स डिकेंस ने एक ऐसे कैदी के बारे में लिखा है जिसने कई वर्षों अपनी सजा अंधेरी काल कोठरी में काटी। रिहा होने के बाद उसे खुले आसमान के नीचे सूर्य की रोशनी में लाया गया। उस आदमी ने चारों तरु देखा और पाई हुई नई आजादी में उसने खुद को परेशान और दु:खी महसूस किया, उसने फिर से अपनी काल कोठरी में जाने की इच्छा व्यक्त की। उसके लिए आजादी और खुली दुनिया के बदलाव के बजाय, काल कोठरी, हथकड़ी और अंधेरा ही सुरक्षा और आराम देने वाला था।

जीवन एक भेलपुरी

जीवन एक भेलपुरी है या बर्फी का टुकड़ा नहीं, जिसमें कुछ खट्टा भी है तो कुछ मीठा भी। हमें ध्यान रखना होगा कि जिंदगी में सुख के साथ दु:ख का होना लाज़मी है। दिन के बाद रात्रि और रात्रि के बाद दिन - यह शाश्वत नियम है। दिन ही नहीं टिकता तो रात कहां से टिकेगी? सुख ही नहीं टिकते तो दु:ख कहां से टिकेंगे? बुरे समय और संकटों की घड़ियों में बस यही याद रखें कि अच्छे दिन नहीं रहे तो बुरे दिन भी ज्यादा समय रहने वाले नहीं हैं। अंधेरा गहरा हो जाये तो समझना सुबह होने को है।

अति सर्वत्र वर्जते

अति सुख अच्छा नहीं है जीवन में एकाध दु:ख तो होना ही चाहिए। दु:ख से सद्‌बुद्धि आती है। अति सुख में आदमी होश खो बैठता है। अति मान-सम्मान प्राप्त हो तो भी अच्छा नहीं है। जो बहुत मान-सम्मान चाहता है, उसका पतन होता है। अति मान ठीक नहीं है। अति सम्पत्ति ठीक नहीं

है और अति सुख भी ठीक नहीं है। मीठे के साथ नमकीन भी जरूरी है। वैसे ही सुख के साथ थोड़ा दुःख भी जरूरी है।

जीवन में सुख और दुःख दोनों तत्व अनिवार्य हैं किसी शायर की यह बात प्रासंगिक है-

गुलशन की फकत फूलों से नहीं,
कांटों से भी जीनत होती है।
जीने के लिए इस दुनियां में,
गम की भी जरूरत होती है।

परेशानी में नई राह

मनुष्य का जीवन फूलों की सेज नहीं है, यह कांटों भरी राह है। जीवन यात्रा में अपने उद्देश्य को प्राप्त करते समय पग-पग पर चुनौतियों का सामना करना पड़ता है। चुनौतियां हमारी शक्ति को बढ़ाती हैं, व्यक्ति में एक अद्भुत आंतरिक ऊर्जा का संचार करती हैं। हर परेशानी और कठिनाई हमें एक नई राह बता जाती है तथा सफलता और सुख का एक नया सूत्र दे जाती है।

एडीसन का कथन है कि देवता लोग जब मनुष्य जाति पर कोई बड़ी कृपा करते हैं, तो तूफान कष्ट और दुर्घटनायें उत्पन्न करते हैं। जिससे कि लोगों में छिपा हुआ पौरूष प्रकट हो और उन्हें अपने विकास का मौका मिल सके। कोई भी पत्थर तब तक सुन्दर मूर्ति के रूप में परिणीत नहीं हो सकता, जब तक कि उसे छैनी-हथोड़े की छोटी-बड़ी चोंटे न लगें।

एडमण्ड बर्ग का कथन है कि -

कठिनाइयां व्यायामशाला के उस उस्ताद का नाम है जो अपने शिष्यों को पहलवान बनाने के लिए उनसे स्वयं लड़ता है और उन्हें पटक-पटककर ऐसा मजबूत बना देता है कि वे दूसरे पहलवान को भी गिरा सकें।

दुःख एक ढीठ मेहमान

दुःख बड़ा ढीठ मेहमान है अगर यह आपके घर के लिए निकल पड़ा तो पहुंचेगा जरूर। अब अगर आप इस मेहमान को घर आते हुए देखकर सामने का दरवाजा बंद कर लो तो यह पीछे के दरवाजे से आ जायेगा। पीछे

का दरवाजा भी बंद कर लो तो यह खिड़की से आ जायेगा। खिड़की भी बंद कर लो तो यह छप्पर फाड़कर नहीं तो फर्श उखाड़कर आ जाएगा। ढीठ मेहमान है ना। अतः जीवन में सुख की तरह दुःख का भी स्वागत करो। दुःख की मेजबानी के लिए तैयार रहो। यह सोचकर कि वे दिन नहीं रहे तो ये दिन भी नहीं रहेंगे।

क्या पता दुःख ही वह द्वार हो।
सुख जिसके पार हो।।

दुःख बड़ा भाई है और सुख छोटा। दुःख पहले पैदा हुआ, सुख बाद में। दोनों चिरंजन सहचर हैं। उनकी एकता को कोई तोड़ नहीं सकता। दुःख के स्वेच्छापूर्वक वरण किए बिना कोई सुख सौभाग्य नहीं पा सकता। जॉन बानथन ने तो प्रार्थना किया करते थे कि- 'हे प्रभु! मुझे अधिक कष्ट दें, ताकि मैं अधिक सुख भोग सकूं।'

14.

मिल गया सुख का ठिकाना

> जिन ढूंढा तिन पाइया, गहरे पानी पैठि।
> मैं बपुरा बूडन डरा, रहा किनारे बैठि।।
>
> **–कबीरदासजी**

एक मनुष्य के पास पर्याप्त साधन, सम्पत्ति जीवन निर्वाह की वस्तुएं हैं फिर भी वह अशांत परेशान दिखाई देता है। दूसरा उच्च शिक्षा सम्पन्न, अच्छे पद पर प्रतिष्ठित होकर भूला-भटका सा दिखाई देता है। व्यापारी, विद्वान, नेता, पंडित, उच्च पद पर आसीन लोग इसी एक प्रश्न के समाधान के लिए परेशान मालूम पड़ते हैं अधिकांश लोगों की एक ही शिकायत है कि सब कुछ होते हुए भी संघर्ष, अशांति, क्लेश, परेशानी क्यों? नीचे से लेकर ऊपर तक के अधिकांश व्यक्ति इसी प्रश्न के पीछे परेशान हैं और इसका समाधान ढूंढने के लिए भटकते हैं फिर भी समाधान नहीं होता।

वस्तुत: जीवन के इस प्रश्न का समाधान बाहरी सफलताओं या संसार में नहीं है। इसका समाधान मनुष्य के अपने अन्दर है। वह है जीवन व्यवहार में हृदय को महत्त्व देना। बुद्धि के बल पर व्यापार, शिक्षा, पांडित्य, विद्वता, उच्च पद एवं जीवन की अन्य सभी तरह की सफलताएं मिल जाती हैं। किंतु हृदय की व्यापकता, विशालता के अभाव में ये सफलताओं के बड़े-बड़े महल उसी तरह डरावने और अटपटे लगते हैं, जैसे सुनसान अंधेरे में भवन और किले। हृदय की शक्ति के अभाव में मनुष्य की समस्त समृद्धि, विद्वता, बड़प्पन उच्च पद के भयावने भूत उसे खाने लगते हैं।

सबसे बुद्धिमान कहे जाने वाले प्राणी मनुष्य ने आज अपने हृदय पर अत्याचार करके उसे इतना शक्तिहीन कर दिया है कि आदमी के सामने कुछ बोलने से भी वह डरता है। सड़क पर कोई दुर्घटना हो जाए, घायल तड़पता दिखाई दे रहा हो पर उसे सहारा देने वाला, प्राथमिक उपचार के लिए किसी निकट के हॉस्पिटल तक ले जाने वाला सहृदयी मिलना मुश्किल हो जाता है। दो चार लोग तलवारें बंदूकें लेकर धड़धड़ाते आ जाएँ और किसी की जीवन लीला समाप्त करके चले जाएँ, हम देखते रहते हैं, हिम्मत नहीं कर पाते कि उन्हें सजा-दिलवाने के लिए गवाही दे सकें।

हृदय से हीन बुद्धि मनुष्य को पशुता की ओर ले जाती है। इंसानियत छीन लेती है। अत: हमें बौद्धिक कुचर्कों से निकलकर अपने हृदय को परिष्कृत करना चाहिए। परिष्कृत हृदय में ही पवित्र भावना का निवास रहता है। जीवन का सच्चा सुख, आत्म-प्रसाद, आत्मशांति, संतोष, हृदय को परिष्कृत और व्यापक बनाने से संभव है। बुद्धि और हृदय के बारे में आचार्य विजयरत्न सुन्दर सूरि का कथन बहुत ही सटीक है- बुद्धि का उपयोग करें, लेकिन उसका अधिपत्य न होने दें। बुद्धि सेवक के रूप में श्रेष्ठ है परंतु मालिक के रूप में बहुत खतरनाक है। वह खण्ड दर्शन कर परिस्थिति को उलझा देती है। जिस प्रकार डॉक्टर शव का पोस्टमार्टम कर देते हैं उसी प्रकार बुद्धि प्रत्येक परिस्थिति का उपकारी के व्यवहार का, उपकारी के प्रत्येक वचन का, बस पोस्टमार्टम ही किया करती है। हृदय का काम है हंसते रहना व हंसाए रखना व खुश रखना। जबकि बुद्धि का काम सामने वाले को चुप करके स्वयं का वर्चस्व स्थापित करना। किसी ने ठीक ही कहा है-

हृदय को जी भर जीने दो,
बुद्धि से कहो बहुत बोले नहीं।
सोने की मूर्ति को लोहे की
तराजू में रखकर कभी तोले नहीं।

आंतरिक उल्लास, सुखी जीवन का आधार

एक दु:खी, चिंतित व निराश व्यक्ति एक बगीचे में एक पौधों के पास जाकर बैठा। वह पौधा उस व्यक्ति से बोला-मित्र! इतने परेशान क्यों हो? हमारा जीवन देखो। हम कितने प्रसन्न हैं। हम जीवन को खेल समझकर

जीते हैं। हमारे मन में शांति है और हमारे भीतर का उल्लास ही बाहर सुगंध बनकर निकलता है। हमारे अंदर की खुशी ही फूलों के रूप में बिखर जाती है। सभी हमसे प्रेम करते हैं और हम भी सभी को प्रसन्नता प्रदान करते हैं। सुख से जीवन-जीने की यही कला है।

पौधों के शब्दों ने उस व्यक्ति को सहारा प्रदान किया और वह बोला-मित्र! आज तुमने मुझे जीवन जीने की कला से परिचित कराया। अल्प साधन होते हुए भी सुखी जीवन कैसे जिया जा सकता है, यह तुम जानते हो। हम मनुष्य पर्याप्त साधन होते हुए भी दुःखी ही रहते हैं। हमें भी तुम्हारी तरह जीने का प्रयास करना चाहिए। आन्तरिक उल्लास ही सुखी जीवन का आधार है।

बिना किसी अफसोस अपनी जीवन यात्रा सुख से पूर्ण करें।

चिंतन-मनन योग्य एक उदाहरण-

हमेशा हंसते-मुस्कुराते रहने वाले एक प्रसिद्ध डॉक्टर-जिन्हें मनोविज्ञान का भी अच्छा ज्ञान था। उनके बारे में यह कहा जाता था कि वह मौत के मुंह में से भी बीमार को वापस ले आते थे। डॉक्टर के पास जो भी मरीज आता वह उससे एक फॉर्म भरवाते थे। मरीज से यह पूछते कि आप इस फॉर्म में लिखें कि यदि आप बच गए तो किस तरह से बाकी जिंदगी जियेंगे और आपके जीवन में क्या करना शेष रह गया है जो आप करना चाहेंगे?

सभी मरीज अपने मन की बात लिखने लगे -

अगर मैं बच गया तो अपने परिवार के साथ अपना समय बिताउंगा।

मैं अपने पुत्र और पुत्री की संतानों के साथ जी भर कर खेलूंगा।

किसी ने जी भर कर पर्यटन, घूमने का शौक पूरा करने का लिखा।

किसी ने तो यह भी लिखा कि मेरे द्वारा जिंदगी में यदि किसी को ठेस पहुंची है तो मैं उससे माफी मांगूगा।

किसी ने लिखा कि मैं अपनी जिंदगी में हंसी की मात्रा बढ़ा दूंगा।

जिंदगी में किसी से भी शिकायत नहीं करूंगा और ना किसी को शिकायत का मौका दूंगा। किसी का भी मन न दुखे ऐसा काम करूंगा।

बहुत से लोगों ने तरह-तरह की बातें लिखीं।

डॉक्टर ऑपरेशन करने के बाद जब मरीज को छुट्टी देते तब वह लिखा हुआ फॉर्म उन्हें वापस कर देते थे। मरीज से कहते कि "आपने जो फॉर्म

में लिखा है वह आप अपनी जिंदगी में कितना पूरा कर पा रहे हैं उस पर निशान लगाते जाएं। वापस आएं और मुझे बताएं कि आपने इसमें से किस तरह की जिंदगी जी है।"

बाद में डॉक्टर साहब ने अपने अनुभव अनुसार बताया कि एक भी व्यक्ति ने ऐसा नहीं लिखा कि अगर मैं बच गया तो मुझे किसी से बदला लेना है। जैसे –

अपने दुश्मन को खत्म कर दूंगा।

मुझे बहुत धन कमाना है।

अपने आपको बहुत व्यस्त रखना है।

इसके अतिरिक्त सभी ने लिखा-

सबसे हंस बोल कर रहना है।

प्रत्येक का जीवन जीने का नजरिया अपना अलग था।

डॉक्टर ने प्रश्न किया कि जब आप स्वस्थ थे तब आपने इस तरह का जीवन क्यों नहीं जिया, आप को कौन रोक रहा था। अभी कौन-सी देरी हो गई है?

कुछ क्षण अपने जीवन के बारे में चिंतन-मनन करें। हमें अपनी जिंदगी में किस तरह का जीवन जीना शेष रह गया है जो हम जीवन जीना चाहते थे?

बस उस तरह का जीवन जीना प्रारंभ करें।

जीवन का सुख आनन्द तब ही है जब जीवन की यात्रा पूर्ण हो तथा कोई कामना नहीं रहे, कोई अफसोस ना रहे।

बनावटी नहीं वास्तविक जिंदगी ही सुख का ठिकाना

टीवी पर खबरें पढ़ने वाले प्रसन्न, प्रफुल्लित और टिपटॉप दिखते हैं। घरेलू महिलाएँ हमेशा साज सिंगार किए दिखाई देती हैं। विज्ञापनों में कुछ सेकण्ड के लिए झलकने वाले लोग भी सदा सुखी, सदाबहार होते हैं। ये सारे झूठ दर्शकों के मन में पैठी हुई उदासी को और गहराते हैं। बच्चे सोचते हैं मेरी मां टीवी की मां जैसी क्यों नहीं है? पति सोचता है, ढेर सारे कपड़े धोने के बाद भी मुस्कुराने वाली पत्नी मुझे क्यों नहीं मिली? पत्नी कुढ़ती है कि काश मुझे भी सजीला फुर्तीला पति मिलता।

इस झूठी जिंदगी ने असली जिंदगी पर कब्जा कर लिया है। असली जिंदगी वह है जो हर इंसान वास्तव में जीता है। उसकी भावनाएँ, विचार, आशाएँ, स्मृतियाँ, पुराने घाव, यह उसकी जिंदगी है। इसके साथ उसका संबंध नहीं है। वह तो टीवी किरदारों की समस्याओं में उलझा है। यह खुद से बचने का और सच से भागने का उपाय है।

आप थोड़ा समय सिर्फ अपने साथ बिताएं। अकेले बैठकर आंखें बंद करके अपनी श्वास का ध्यान रखते हुए मन की झील में उतरें। अपने साथ जुड़ना, मन को देखना, समझना बहुत आनंददायी है। उसी से आपको शांति मिलेगी। प्रसन्नता उभरेगी, एक प्रकाश उदित होगा। जीवन का प्रवाह भीतर से बाहर की ओर होता है, बाहर से भीतर नहीं। मन जितना शांत होगा मनोरंजन की जरूरत उतनी कम होगी।

किसी ने ठीक ही कहा है-

खुशियां उगे न खेत में, मिलें न हाट बाजार,
अपने अन्दर ढूंढ लो, भरा अतुल भण्डार।

स्थिति के अनुसार अपनी मनःस्थिति बनाएं-

संसार में सुखी रहना है तो 'एडजेस्टमेंट' करना सीखिए। जो अपने को परिस्थिति के अनुकूल एडजेस्ट नहीं कर सकता वह सब जगह से रिजेक्ट हो जाता है। संसार में सब कुछ अपनी मर्जी का नहीं होता। कुछ औरों की मर्जी का भी होगा। इसके लिए तैयार रहिए। जैसी स्थिति हो वैसी अपनी मनःस्थिति बना लीजिए। यही सुखी रहने का रहस्य है। इस संदर्भ में यह कथन कितना सटीक है-

आदमी जिंदगी भर रूप बदलता है,
कपड़े बदलता है, सामान बदलता है,
घर बदलता है, रिश्ते बदलता है,
दोस्त बदलता है, नौकरी बदलता है,
जगह बदलता है, दूसरों को बदलता है,
लेकिन-
फिर भी दुःखी क्यों रहता है?
क्योंकि वह खुद को नहीं बदलता।

सुख निर्माण करने की शक्ति हमारे हाथों में-नार्थन विसेंट पाल

सुखी या दुःखी रहना हमारी मानसिक आदत होती है, जिसे हम विकसित करते हैं। खुशदिल इंसान हमेशा जश्न मनाता है। दूसरे शब्दों में, आप खुशदिल बन जाइए यानी कि सुखी रहने की आदत डाल लीजिए, जीवन एक लंबा जश्न बन जायेगा। यानी कि आप जीवन के हर दिन, हर पल का आनंद ले सकेंगे। सुखी रहने की आदत से ही जीवन सुखी बनता है और चूंकि हम इस आदत को विकसित कर सकते हैं, इसलिए अपने सुख का निर्माण करने की शक्ति हमारे अपने हाथों में ही होती है।

सुख की आदत सिर्फ सुखी चिंतन के अभ्यास से विकसित होती है। सुखद विचारों की मानसिक सूची बनाएँ और उन्हें हर दिन कई बार अपने दिमाग में दोहराएँ। अगर दुःख का कोई विचार घुसपैठ करने की कोशिश करें तो तत्काल रूक जाएँ, उसे बाहर निकाल दें और उसके बदले में सुख के विचार भर लें। हर सुबह बिस्तर छोड़ने से पहले कुछ देर लेटे रहें और चेतन मस्तिष्क में सुख के विचार भरें। दिन में आपको क्या-क्या सुखद अनुभव हो सकते हैं, इन कल्पनाओं की तस्वीरों को अपने दिमाग से गुजरने दें। उनका आनंद लें। जब आप प्रातः उठें, तो कहें....यह दिन ईश्वर ने बनाया है। हम इसमें खुश रहेंगे और इसका आनंद लेंगे। अगर आप इन शब्दों के अर्थों पर मनन करते हैं, तो आप सुख के मनोविज्ञान के सहारे अपना जीवन सुखी बना सकते हैं।

सुख कहां ढूंढे रे बन्दे, वो तो तेरे पास रे!

ईश्वर को ढूंढने के बारे में कबीरदासजी ने लोगों से जो बात कही है, वह सुख ढूंढने वालों पर भी लागू होती है।

एक कथा याद आती है- 'एक नगर का सेठ था। अकूत संपदा का मालिक पर अत्यंत दुःखी। उसे सुख की तलाश थी जिसकी तलाश में वह अनगिनत मंदिरों, दरगाहों में भटका, बहुत दान-दक्षिणा की पर सुख का अनुभव उसे नहीं हुआ। एक दिन किसी ने उसे एक फकीर के बारे में बताया। सेठ ने अपने खजाने में से चुनकर बहुमूल्य रत्न, जवाहरातों, मोहरों इत्यादि को एक थैले में रखा और पहुंच गया। फकीर के झोपड़े पर। फकीर

ने सेठ पर कुछ ध्यान नहीं दिया और अपने काम में लगा रहा। सेठ वहीं बैठ गया। कई घंटे बीत गए, पर फकीर उससे कुछ बोला नहीं। सेठ को लगा उसके साथ मजाक किया गया है और वह उठकर जाने लगा। तभी फकीर ने उस पर ध्यान दिया और आने का कारण पूछा। सेठ ने बताया कि वह सुख–आनन्द की तलाश में आया है। फकीर ने उसे बैठने का इशारा किया और पुनः अपने काम में लग गया। कुछ देर बाद फकीर अचानक उठा, सेठ के हाथ से थैला छुड़ाया और भाग खड़ा हुआ। नगर सेठ को लगा कि वह बेवकूफ बन गया और उसके जीवन भर की कमाई जाने को है, वह फकीर के पीछे भागा। फकीर आगे–आगे, सेठ पीछे–पीछे।

फकीर सारे नगर में भागा फिर लौटकर अपने झोपड़े पर आ गया। थैला बाहर रखा और अंदर जाकर छिप गया। सेठ भी पीछे भागता हांफता आया। वह अब निराश हो गया था और उसको लग रहा था कि वह लुट चुका है। तभी उसने अपना थैला देखा। खोलने पर पाया कि सारा धन सुरक्षित है। उसने थैले को हृदय से लगाया और नाचने लगा। तभी फकीर बाहर निकला उसने पूछा- कहो कैसा लग रहा है? सेठ बोला–मैं बहुत सुख और आनन्द का अनुभव कर रहा हूं। तब फकीर बोला- 'तुम व्यर्थ ही बाहर सुख की तलाश कर रहे थे। सुख तो तुम्हारे अंदर ही था।'

अतएव सुख एवं दुख दोनों हमारे अंदर ही हैं। यह हमारा दृष्टिकोण है एवं हमारा चयन है कि हम किसे चुनते हैं।

सीधे शब्दों में हम कह सकते हैं कि सुख एवं दुःख दोनों मन की उपज है। यदि मन पर नियंत्रण रखते हुए हम अपने दृष्टिकोण को सकारात्मक रखें तो हम दुःख से मुक्ति पा सकते हैं।

मनोविज्ञान का एक महत्त्वपूर्ण सिद्धांत है 'साइकोसोमेटिक थ्योरी' अर्थात् शरीर एवं मन की अभिन्नता। इस सिद्धांत के अनुसार शरीर मन पर प्रभाव डालता है और मन शरीर पर। यदि हमारे शरीर में कुछ कष्ट हो तो हमसे मानसिक अस्थिरता आ जाती है और यदि मन में कोई तनाव या 'डिप्रेशन' हो तो शरीर में भी रोग के लक्षण उत्पन्न हो जाते हैं। अतः स्पष्ट है कि यदि हम सच्चा एवं स्थायी सुख या आनंद पाना चाहते हैं तो हमें शारीरिक व मानसिक दोनों तरह से स्वस्थ रहना होगा।

सबसे बड़ा सुख-जीवन संपूर्णता से जीना

साथियों सच-सच बताइये किसी की लग्जरी बड़ी गाड़ी, शानदार, घर, लक्जीरियस ऑफिस, पूरी दुनिया की यात्राएँ, बहुत सारे स्टॉफ की टीम, शानदार ब्रांडेड कपड़े, गैजेट्स ये सब देखकर कितनी बार मन में जलन होती है, कितनी बार हीन भावना आती है। कितनी बार ऐसा लगता है कि एक बार मेरे पास ये सब आ जाएँ तो फिर मैं ऐसा जीवन जिऊंगा, कि मजा आ जायेगा। 'काश ये सब मेरे पास आ जाएँ' तो इस कहानी को पहले एक बार सुन लीजिये फिर निर्णय कीजिये।

महाराजा भरत चक्रवर्ती, चक्रवर्ती किसे कहते हैं, जिसने सारी दुनियाँ को जीत लिया हो। वह है चक्रवर्ती और वे उस पर्वत पर अपना नाम लिखने जा रहे थे, जिसे ब्रज आंचल कहते हैं। दुनिया का हर चक्रवर्ती दुनिया को जीतने के बाद उस पर्वत पर जाता है और अपना नाम लिख के दुनियाँ मैनें फतह कर ली इसको सिद्ध करना चाहता है। लेकिन राजा भरत उस पर्वत पर पहुंचकर आश्चर्य में पड़ गये, दुःख में पड़ गये, 'वियोग में पड़ गये, पीड़ा में आ गये। क्योंकि उन्होंने क्या देखा कि सारा पर्वत नामों से भरा पड़ा है उस पर अपना नाम लिखने की जगह भी नहीं है और उन्हें अपना नाम लिखने के लिए एक पुराने चक्रवर्ती का नाम मिटाना पड़ा और उस क्षण वे वहां ऐसे बैठकर सोचने लगे इसके लिए मैंने इतनी जंग लड़ी, इसके लिए हजारों लाखों लोगों ने अपनी जानें दीं। इस चीज को पाने के लिए मैंने इस जीवन का हर क्षण बिता दिया। ये उनका मोमेंट आर्फ ट्रूथ था, जब उनका सच्चाई से साक्षात्कार हुआ। तो क्या इस मटेरियालिस्टिक (भौतिकवादी) वर्ल्ड इन उपलब्धियों में सारा सुख है?

क्या इस गाड़ी में, बंगले में, नौकर-चाकरों इसमें ही सारा सुख है? तो जैनिज्म में एक प्रसिद्ध स्तुति है बारा भावना- "दान बिना निर्धन दुःखी, तृष्णावश धनवान कहुं न सुख संसार में, सब जग देखो छान" अर्थात् निर्धन के पास पैसा नहीं है, धन नहीं है, समृद्धि नहीं है। इसलिए वह दुःखी है। और लालच और समृद्धि के लिए धनवान दुःखी है। संसार में कहीं भी सुख नहीं है। चाहें सारी दुनियाँ देख लें या घूमलें। साथियों में पूरी दुनियाँ घूमता हूं, हजारों लोगों से मिलता हूं और देखकर लगता है कि कितने विभिन्न प्रकार के दुःख इस संसार में हैं। किसी के पास हजार करोड़ की सम्पत्ति है पर

संतान नहीं है, किसी के पास संतान है वह मैन्टली रिटायर्ड है, किसी के पास सब कुछ है तो उसको बड़ी बीमारी लग गयी है। किसी के पास हजारों करोड़ की सम्पत्ति है पर वह किसी प्रकरण में जेल में बंद है। किसी के पास पार्टनर है तो बनती नहीं है। किसी के पास पार्टनर नहीं है। किसी के पास अच्छी संतान है पर उससे बनती नहीं है। तो सार यही है कि कहीं भी संपूर्ण सुख नहीं है। संपूर्ण सुख की तलाश से बड़ा दु:ख कुछ भी नहीं है। इसलिए मैं आज आपसे कहना चाहता हूं। इस जीवन यात्रा को इंजॉय करना शुरू कीजिये जो आपके पास आज है उसको इंजॉय करना शुरू कीजिये। अपने बच्चों को क्वालिटी टाइम दीजिए, अपने परिवार की फिक्र कीजिये।

उपलब्धियों की दौड़ में लगिए। कहीं कोई समस्या नहीं है। लेकिन उपलब्धियों का अंत नहीं है वे इस यात्रा का छोटा-छोटा हिस्सा हैं।

अपने लिये वक्त निकालिये, अपनों के लिए वक्त निकालिये, समाज के लिए वक्त निकालिये। क्योंकि कल जब आप 70-80 साल के हो जायेंगे और उपर जाने की बारी आ जायेगी, उस दिन आप पीछे जीवन को पलटकर देखें तो जीवन में कोई खालीपन न रहे और 70-80 क्यों आपको, अगले साल ही कुछ हो जाये। ईश्वर न करे। क्योंकि प्रकृति पर किसी का कोई नियंत्रण नहीं है। तो ऐसा लगना चाहिए कि जीवन को संपूर्णता में जिया है और कुछ हो जाये तो पीछे पलटकर देखें तो लगे कि कम में ज्यादा जिया, कम उम्र में ज्यादा हासिल किया, कम उम्र में ज्यादा आनंद लिया।

जीवन की लम्बाई महत्व नहीं रखती। जीवन की गहराई महत्व रखती है।

दु:ख के दंश को कम करने का उपाय-

दु:ख का स्वभाव है जलाना। आप स्वयं उसमें मत जलिए। दु:ख के दंश को कम करने का सबसे अच्छा तरीका है। दूसरों के दु:खों को बांटना। दूसरे के पैर का कांटा निकालते समय आप अपने पैर के कांटे का दर्द भूल जायेंगे।

इस संबंध में महर्षि रमण का एक आख्यान बड़ा प्रेरक है। एक साहूकार था। था तो बड़ा चतुर व्यापारी पर दुर्भाग्य से एक समय उसके सारे अनुमान इतने गलत निकलते रहे कि उसे एक के बाद दूसरा घाटा होता ही रहा। एक दिन ऐसा आया कि वह दीवालिया हो गया। जिस समाज में शान से रहता था उसे अपना मुंह कैसे दिखाए? वह इतना निराश हुआ कि आत्महत्या करने का निश्चय कर लिया। आधी रात के समय वह बिस्तर से उठा। मन ही मन

पत्नी, से क्षमा मांगी और बच्चों को प्यार किया। फिर चुपके से नदी की ओर निकल गया। नदी में बाढ़ आई हुई थी। लहरें जो सामने आया उसी को निगल लेना चाहती थीं। वह एक ऊँची-सी शिला की ओर बढ़ा। सोचा यहाँ से कूदेगा तो नदी के अतल में ही समा जाएगा। लेकिन जैसे ही वह वहां पहुंचा देखा एक दूसरा आदमी नदी में कूदने ही जा रहा है। वह पूरी शक्ति से दौड़ा और झपटकर उसे पीछे खींच लिया। फिर उसे प्यार से झिड़कते हुए कहा- 'मूर्ख हो गए हो क्या? आत्महत्या जैसा घोर पाप करते हुए शर्म नहीं आती?' यह देह भगवान ने कृपा करके दी है। इसे इस प्रकार गंवाते हो? जो स्वयं आत्महत्या करने चला था वह दूसरे को आत्महत्या करने से बचाते हुए आत्महत्या करना भूल गया।

जरा सा नाम, छोटा सा पता

जब कोई भक्त भगवान से पूछता है-मैं आपको कहां पाऊंगा, आपका पता ठिकाना कहां है? तो भगवान बहुत अच्छा सा उत्तर देते हैं-जरा सा नाम है, छोटा-सा पता है। मैं अपने भक्तों के हृदय में रहता हूं। लंका युद्ध में भगवान श्रीराम विजयी हो चुके थे। देवताओं सहित इंद्र ने भी उनकी स्तुति की और उसका समापन बड़े अच्छे ढंग से किया। वैदेहि अनुज समेत मम हृदय बसहुं निकेत।

तुलसीदासजी ने भी ऐसी ही मांग करते हुए लिखा है- "हृदय बसहुं सूर भूप।"

भगवान को अपने हृदय में बसाने के लिए उनका ठिकाना बनाने के लिए सबसे अच्छी जगह है, हमारा हृदय।

उपर्युक्त विषय वस्तु के तारतम्य में कबीरदासजी के कथन की ये दो पंक्तियां सुख के संदर्भ में बहुत ही सटीक हैं-

मों को कहां ढूंढे रे बंदे मैं तो तेरे पास रे।
ना मैं मंदिर, ना मैं मस्जिद, ना काबा कैलाश रे।।

मुझे सच्चे सुख का अर्थ समझ में आया-नाइजीरियाई अरबपति फेमी ओटेडोला

जब एक टेलीफोन साक्षात्कार में नाइजीरियाई अरबपति ओटेडोला से रेडियो प्रस्तोता ने पूछा-सर आपको याद है कि आपको जीवन में सबसे

अधिक खुशी कब मिली। फेमी ने कहा–मैं जीवन में खुशी के चार चरणों से गुजरा हूं और आखिरकार मुझे सच्चे सुख का अर्थ समझ में आया।

पहला चरण धन और साधन संचय करना था। लेकिन इस स्तर पर मुझे वह सुख नहीं मिला जो मैं चाहता था। फिर कीमती सामान और वस्तुओं को इकट्‌ठा करने का दूसरा चरण आया। लेकिन मैंने अनुभव किया कि इस चीज का असर भी अस्थायी होता है और कीमती चीजों की चमक ज्यादा देर तक नहीं रहती।

फिर आया बड़ा प्रोजेक्ट मिलने का तीसरा चरण। वह तब था जब नाइजीरिया और अफ्रीका में डीजल की आपूर्ति का 95 प्रतिशत भाग मेरे पास था। मैं अफ्रीका और एशिया में सबसे बड़ा पोत मालिक था। लेकिन यहाँ भी मुझे वो खुशी नहीं मिली जिसकी की मैनें कल्पना की थी।

चौथा चरण वह समय था जब मेरे एक मित्र ने मुझे कुछ विकलांग बच्चों के लिए व्हीलचेयर खरीदने के लिए कहा–लगभग 200 बच्चों की। दोस्त के कहने पर मैनें तुरंत व्हीलचेयर खरीद ली।

लेकिन दोस्त ने जिद की कि मैं उसके साथ जाऊँ और बच्चों को व्हीलचेयर सौंप दूं। मैं तैयार होकर उसके साथ चल दिया। वहां मैनें उन बच्चों को अपने हाथों से व्हीलचेयर दी। मैंने इन बच्चों के चेहरों पर खुशी की अजीब सी चमक देखी। मैंने उन सभी को व्हीलचेयर पर बैठे, घूमते और मस्ती करते देखा।

यह ऐसा दृश्य था जैसे–वे किसी पिकनिक स्पॉट पर पहुंच गए हों, जहाँ वे जैकपॉट जीतकर शेयर कर रहे हों।

मुझे अपने अंदर असली खुशी तब महसूस हुई। मैंने जब उस स्थान को छोड़ने का फैसला किया तो बच्चों में से एक ने मेरी टांग पकड़ ली। मैनें धीरे से अपने पैरों को छुड़ाने की कोशिश की, लेकिन बच्चे ने मेरे चेहरे को देखा और मेरे पैरों को कसकर पकड़ लिया। मैं झुक गया और बच्चे से पूछा क्या तुम्हें कुछ और चाहिए?

इस पर बच्चे ने जो जवाब दिया उसने मुझे न केवल झकझोर दिया बल्कि जीवन के प्रति मेरे दृष्टिकोण को भी पूरी तरह से बदल दिया। उस बच्चे ने कहा– मैं आपका चेहरा याद रखना चाहता हूं ताकि मैं आपसे जब स्वर्ग में मिलूं, तो मैं आपको पहचान सकूं और एक बार फिर आपका धन्यवाद कर सकूं।

इस कहानी का मर्म यह है कि हम सभी को अपने अंतर्मन में झांकना चाहिए और यह मनन अवश्य करना चाहिए कि इस जीवन में सुख किसमें है और इस जीवन की सांसारिक गतिविधियां छोड़ने के बाद आपको किसलिए और क्यों याद किया जाएगा। क्या कोई आपका चेहरा फिर से देखना चाहेगा? यह सब मायने रखता है।

ढूंढ लिया सुख का ठिकाना

एक नगर में दो पड़ोसी रहते थे। वे दोनों अपने जीवन की कठिनाइयों, परेशानियों दु:खों से तंग आ चुके थे और वे अब एक सुखी जीवन चाहते थे। अपने दामन को खुशियों से भर लेना चाहते थे। इसलिए संसार की आपा-धापी, भागमभाग से दूर वे दोनों एक दिन कहीं दूर के ठिकाने को ढूंढ़ने निकल पड़े।

उनमें से एक का नाम दु:खी राम था और दूसरे का सुखीराम था। दोनों एक सुखी जीवन की तलाश में थे, लेकिन उन दोनों के दृष्टिकोण में कोई मेल बिलकुल भी न था। सुखीराम हमेशा सुख की बातें करते तो वही दु:खीराम हमेशा दु:ख की बातें करके और भी दु:खी हो जाया करते। काफी लंबी यात्रा के बाद अंततः वे दोनों कई गांवों और शहरों को पार करते हुए दूर निकल आए।

उनके लिए यह एक अलग ही दुनिया थी। यहाँ न तो गांव और शहरों सा शोर शराबा था, न ही गंदगी और न ही कोई कलह और कोलाहल। यहाँ प्रकृति अपने सौंदर्य के शबाब पर थी। खुले आसमान के नीचे खड़े देवदार के लंबे-लंबे वृक्षों की शोभा देखते ही बनती थी। चारों तरफ रंग-बिरंगे फूलों से भरे वन-उपवन, झरनों से झरता संगीत, नदियों की पावस जलधारा, फलदार वृक्षों की डालियों पर बैठी कोयलों और बुलबुलों का मधुर गायन, शीतल-सुगंधित पवन, पूनम के चांद से छिटकती श्वेत-धावल किरणें आदि। सभी मिलकर एक अमृतमय वातावरण की सृष्टि कर रहे थे।

सुखीराम कभी झरनों का मीठा पानी पीते, कभी नदी की पावस जलधारा में बहकर जलक्रीड़ा करते, कभी बुलबुलों को गाते देखकर स्वयं भी गाने लगते, कभी पूनम की छिटकती चांदनी को देखकर आल्हादित और आनदित होते, कभी रंग-बिरंगे फूलों के बीच बैठकर उनकी महक से नहा

उठते, तो कभी पेड़ों की डालियों से लटक रहे मधुर फलों को चख-चखकर खुशियां मनाते।

इस प्रकार सुखीराम ने अपनी इस सैर को जी भर जीया, और जी भर खुशियां पाईं, पर वहीं दुःखीराम इन मनोरम वादियों में आकर भी गम में डूबे रहे, अपने दुःख के दिनों को याद करते रहे, पूनम की छिटकती चांदनी के बीच रहकर भी वे अमावस की रात को याद करते रहे। उन्हें न तो झरनों का मीठा जल नसीब हुआ, न ही नदियों की पावन जलधारा। सैर समाप्त कर अंततः दोनों घर लौटे। दुःखीराम खाली हाथ लौटे, पर सुखीराम सैर पर मिली खुशियों की अनुभूतियां व आनन्द को अपने हृदय में सहेजकर घर लौटे और उस अहसास को हर पल सुख से जीते हुए आनंद में मग्न रहने लगे, क्योंकि वे सारे आनंद सुख उनके हृदय में हमेशा-हमेशा के लिए उतर आए थे और उसका एहसास वे हर पल करने लगे थे।

हम सुख देखते भी बाहर से हैं व खोजते भी बाहर हैं, जबकि जिसे देखना व पाना है, उसका अस्तित्व भीतर ही विद्यमान है। कस्तुरी के हिरण की तरह बाहर सुंगंध खोजने के प्रयास निष्फल ही नहीं हो जाते, खीज और निराशा भी गले बंध जाती है। अभीष्ट प्राप्ति के लिए नाभि संस्थान का आश्रय लेने के अतिरिक्त और कोई मार्ग नहीं। मृगतृष्णा में भटकने के बजाय यदि अपने ही दृष्टिकोण को सुधार लिया जाए तो प्यास बुझाने के लिए उपयुक्त स्थान ढूंढने और सार्थक प्रयास करने का मौका मिल सकता है। समृद्ध और सर्वांगपूर्ण प्रगति के मूलतत्व हमारे भीतर ही हैं। सुख शांति के केंद्र भी वहीं विद्यमान है। सुख शांति और तृप्ति पानी हो तो अंतःकरण के रत्न भण्डार को ही खोदना, कुरेदना पड़ेगा।

इंटरनेशनल बेस्ट सेलर

डायमंड बुक्स X-30, ओखला इंडस्ट्रियल एरिया, फेज-II नई दिल्ली-110020 फोन : 011-40712200
ई-मेल : sales@dpb.in Shop online at www.diamondbook.in